있는 그대로 베트남

나의 첫 다문화 수업 18

있는 그대로 베트남

초판 1쇄 발행 2025년 2월 20일

지은이 강태규

펴낸이 윤주용
편집 도은주, 류정화 | 마케팅 조명구 | 홍보 박미나
표지 일러스트 엄지

펴낸곳 초록비책공방
출판등록 2013년 4월 25일 제2013-000130
주소 서울시 마포구 동교로27길 53 308호
전화 0505-566-5522 | 팩스 02-6008-1777

메일 greenrainbooks@naver.com
인스타 @greenrainbooks @greenrain_1318
블로그 http://blog.naver.com/greenrainbooks

ISBN 979-11-93296-82-0 (03910)

어려운 것은 쉽게 쉬운 것은 깊게 깊은 것은 유쾌하게

초록비책공방은 여러분의 소중한 의견을 기다리고 있습니다.
원고 투고, 오탈자 제보, 제휴 제안은 greenrainbooks@naver.com으로 보내주세요.

있는 그대로 베트남

강태규 지음

초록비책공방

베트남은 참으로 매력적인 나라다. 도로를 가득 메운 오토바이의 물결에 놀라게 되는 나라, 소수민족과 함께 트레킹을 하며 아름다운 계단식 논을 만날 수 있는 나라, 배를 타고 카르스트 지형의 웅장함을 감상할 수 있는 나라, 아침 식사로 따뜻한 국물이 가득한 국수가 생각나는 나라, 붉은색 티셔츠를 입고 열정적으로 축구를 응원하는 나라, 그리고 아름다운 휴양지로 여행할 곳이 넘쳐나는 나라가 바로 베트남이다.

한국에서도 베트남 여행의 인기가 높아지면서 주요 도시인 하노이, 다낭, 나짱, 달랏, 호찌민, 푸꾸옥으로의 직항 노선이 생겼고 더욱 많은 사람이 베트남을 찾고 있다.

진한 블랙 커피에 달콤한 연유를 넣어 마시는 것을 좋아한다면 베트남의 매력에 더욱 빠져들 것이다. 베트남 중부 고원은 전 세계에서 두 번째로 많은 커피 생산량을 자랑하는 지역으로 유명하다. 이 외에도 북부 산악지대, 남부 메콩강의 비옥한 평야, 아름다운 동부 해안지대와 섬까지 베트남은 다양한 기후와 특색 있는 풍경을 자랑한다. 각 지역마다 독특한 축제와 맛있는 음식이 가득해 여행의 즐거움을 배가시킨다.

나는 2019년부터 2022년까지 포스코이앤씨의 베트남 현지 주재원으로 3년간 생활하며 베트남의 문화와 역사를 깊이 이해할 기회를 가졌다. 이러한 이해는 베트남 사람들을 더 잘 이해하게 하고, 여행지에서 더욱 풍성한 추억을 쌓는 데 도움이 되었다.

베트남의 개혁 개방 정책, 프랑스와의 역사적 관계, 쌀을 중심으로 한 음식 문화, 군침 도는 야시장과 다양한 시장들, 삼삼오오 모여 제기차기를 하는 사람들, 흥겨운 결혼식 문화, 독특한 베트남 주택, 의외로 쉽게 익힐 수 있는 베트남 문자, 아이들 교육에 열정적인 부모들, 전통 복장인 아오자이 이야기 등 베트남을 이해하기 위한 많은 이야기를 이 책에 담았다.

이 책을 통해 독자들이 매력적인 베트남의 여행지를 발견할 뿐만 아니라 한국과 닮은 점이 많은 베트남의 역사와 빠르게 성장하는 경제, 그리고 이를 바탕으로 형성된 베트남 사회의 모습을 더 깊이 이해하고 사랑하는 계기가 되었으면 한다. 물론 베트남의 맛있는 음식 문화를 알아가는 것도 큰 즐거움일 것이다. 베트남 문화를 이해하기 위해 필요한 것은 열린 마음과 작은 관심이다.

마지막으로 이 책을 출간하기 위해서 많은 분들이 도움을 주었다. 책이 발간될 수 있도록 많은 조언을 준 윤주용 초록비책공방 대표님, 류정화 기획실장님, 《있는 그대로 태국》의 공동 저자인 정문훈 작가, 베트남 현지의 자료를 얻도록 도와준 직장동료 Luong Van Tu, Phan Hong Nga, Nguyen Hai Huyen, Le Do Quyen, Nguyen Thi Dung, Doan Van Chinh 너무나 고맙다. 3년간 베트남의 구석구석을 함께 돌아다니며 베트남을 잘 알게 해준 조현진, 박상현, 박진천 그리고 베트남 프로젝트에서 같이 땀 흘리며 일했던 손동하 실장님, 김동규, 류영욱, 배형대, 김강돈, 김수현, 강승남, 이병섭, 육범진, 민승기, 김상범, 이범상, 이우혁, 이성준, 오현석, 김태우, 장민, 김원각, 김창민, 그리고 후배인 김용세, 강순정, 최지용, 정규성, 이원진, 이영규, 권근모, 최종욱, 조영웅, 박지예, 최은영과의 베트남 경험이 없었다면 이 책은 나오기 어려웠을 것이다. 현장은 다르지만 오종민, 김정환, 장현진, 장영근, 이교훈, 김연도, 홍광기, 전혜진, 아영록, 박정재, 어진규, 서명환, 김현철, 윤민섭, 한주환 또한 고마운 마음이 넘친다. 항상 응원을 해주는 가족에게도 감사의 마음을 전한다.

4부 문화로 보는 베트남

5부 여기를 가면 베트남이 보인다

퀴즈로 만나는
베트남

퀴즈를 통해 베트남을 먼저 알아보자.
정답을 맞히지 못하더라도 퀴즈를 풀다 보면
베트남에 대한 호기심이 조금씩 생길 것이다.

Q1.

베트남을 상징하는
의복은 무엇일까요?

❶ 기모노 **❷** 치파오 **❸** 쑤타이
❹ 사리 **❺** 아오자이

Answer. ❺ 아오자이

'기모노'는 일본 전통의상, '치파오'는 중국 전통 의상, '쑤타이'는 태국 전통 의상, '사리'는 인도 전통 의상, '아오자이'는 베트남 전통 의상으로 '긴 옷'을 의미한다.

● 아오자이

Q2.

다음 중 베트남과 관계 없는 커피는?

❶ 연유 커피
❷ 코코넛 커피
❸ 계란 커피
❹ 연유 밀크 커피
❺ 계피 커피

Answer. ❺ 계피 커피

계피 커피는 중앙 아메리카에 있는 도미니카 공화국에서 자주 먹는 커피로 커피에 계피 가루를 넣어 마시는 커피이다.

● 연유 커피

● 코코넛 커피

● 계란 커피

● 연유 밀크 커피

Q3.

베트남 최대의 축제로 불리며 베트남에서 휴일이 가장 긴 명절은 무엇일까?

❶ 랜턴 페스티벌   ❷ 중추절
❸ 뗏   ❹ 독립기념일
❺ 플라워 페스티벌

Answer. ❸ 뗏

랜턴 페스티벌은 베트남 호이안에서 열리는 등불 축제로 과거로 이동한 것과 같은 고즈넉한 분위기를 풍기는 축제이다. 연꽃 모양의 작은 배에 불을 밝힌 초, 꽃 등을 강 위에 띄워 보낸다. 중추절은 베트남 가을에 있는 축제로 한국의 추석과 같은 날이다. 독립기념일은 프랑스로부터 베트남의 독립선언을 한 날이다. 플라워 페스티발은 베트남 달랏에서 열리는 꽃 축제로 도시 전체를 꽃 장식으로 만든다. 뗏은 베트남의 설날로 베트남의 최대 축제이자 가장 큰 명절이다.

● 베트남 설 축제 뗏

Q4.

베트남의 음식이 아닌 것은?

❶ 퍼 ❷ 분짜 ❸ 쏨땀
❹ 반 쎄오 ❺ 반미

Answer. ❸ 쏨땀

'퍼'는 베트남식 쌀국수, '분짜'는 숫불에 구운 돼지고기, '반 쎄오'는 베트남식 해물전, '반미'는 베트남식 샌드위치이다. '쏨땀'은 파파야로 만든 태국식 샐러드이다.

● 퍼

● 분짜

● 반쎄오

● 반미

Q5.

다음 중 베트남의 관광지가
아닌 곳은?

❶ 새벽사원 ❷ 내원교(파고다 다리)
❸ 후에 황성 ❹ 하롱베이 ❺ 사이공 중앙 우체국

Answer. ❶ 새벽사원

새벽사원*Wat Arun*은 태국 방콕을 대표하는 사원이다. 내원교(파고다 다리)는 베트남 중부 호이안에 위치한 다리이며, 후에 황성은 베트남 응우옌 왕조가 살았던 성이며, 베트남 북부에 위치한 하롱베이는 수천 개의 카르스트 지형의 섬을 볼수 있는 장소이다. 사이공 중앙 우체국은 베트남 남부 호찌민에 있다.

● 내원교(파고다 다리)

● 후에 황성

● 하롱베이

● 사이공 중앙 우체국

1부

신짜오!
베트남

"내 안에 변하지 않는 한 가지 신념으로

세상의 만 가지 변화에 대응한다."

以不變 應萬變(이불변 응만변)

— 호찌민 주석 좌우명

젊은 나라 베트남

베트남은 젊은 나라이다. 생산활동을 할 수 있는 젊은 인구가 많고 출생률이 높다. 또한 베트남은 사회주의*Socialism* 국가지만 경제 우선의 개혁 개방 정책(도이머이 정책)을 실행하면서 엄청난 경제성장을 하고 있는 나라이기도 하다. 사회주의 국가의 독특한 모습을 가지면서도 한국과 닮은 점을 찾을 수 있는 국가 베트남, 이 나라의 매력을 알아보자.

높은 경제성장률을 가진 나라

베트남 하면 오토바이가 물밀듯이 도로를 지나다니는 모습과 쌀국수를 비롯한 저렴한 음식, 그리고 길거리 커피집에서 커피를 사 먹는 사람들의 모습이 떠오를 것이다. 아직까지 베트남은 자동차가 많지 않다. 오토바이가 주된 교통수단인 도심과 저렴한 물가, 순박한 베트남인의 모습이 강해 경제적인 이미지보다는 동남아시아에 있는 여행 가기 좋은 나라라고 생각하곤 한다.

하지만 좀 더 살펴보면 베트남은 엄청난 경제성장률을 가진 나라이다. 한국뿐만 아니라 다른 외국 기업들도 베트남 진출이 늘고 있지만 우선 베트남에 진출한 한국 기업을 살펴보면 삼성전자, LG전자, 포스코, 현대 자동차, 효성 등 전자 및 자동차 기업과 CJ, 롯데 쇼핑, 오뚜기, 오리온 및 수많은 중소기업까지 K-푸드를 중심으로 약 9,000개의 기업이 진출해 있다. 이들 기업은 북부에서는 하노이*Hanoi*를 중심으로 박닌*Bac Ninh*, 타이응우옌*Thai Nguyen*, 하이퐁*Hai Phong* 지역에 있고, 남부에서는 호찌민*Ho Chi Minh City*을 중심으로 동나이*Dong Nai*, 빈증*Binh Duong*에 모여 있다. 베트남의 경제성장에는 이유가 있다.

첫째, 베트남은 외국 자본을 적극적으로 유치하는 정부 정책을 펼치며 세금 감면 등의 세제 혜택을 펼치고 있다. 외국 자본의 베트남 유입으로 베트남에 산업 단지가 많이 생성되고 있는 이유다.

둘째, 약 1억 명에 달하는 베트남 인구가 풍부한 노동력을 제공한다. 여기에 뜨거운 교육열까지 더해져 경쟁력 있는 인구가 증가하고 있다.

● 급격히 발전하는 베트남

　셋째, 정부 주도의 공공 투자가 진행되고 있다. 산업단지, 도로, 공항, 발전소를 지어 베트남 내 인프라 시설이 확충되자 내수가 활성화되면서 경제성장을 이끌고 있다.

　마지막으로, 베트남의 지정학적인 이점도 베트남의 경제성장을 가속화하는 요인이다. 베트남은 '포스트 차이나*Post-China*'라고 불린다. 세계의 공장 역할을 했던 중국이 미국과의 경제전쟁으로 많은 생산 부분이 베트남으로 넘어가면서 이런 수식어가 붙었다.

　1988년대 한국의 1인당 국내총생산*GDP*과 2023년 베트남의 1인당 국내총생산 금액은 비슷한 수준이다(4,200달러). 1980년대가 한국이 급성장한 시대였다면 지금은 베트남이 급성장하는 시대라고 할 수 있다. 10년 뒤에도 베트남의 경제성장률이 여전히 증가 추세일지 귀추가 주목된다.

생산가능인구가 많은 젊은 베트남

베트남은 유독 젊은 인구가 많다. 15~34세 인구가 전체 인구의 약 35%를 차지한다. 그래서일까. 베트남을 여행하다 보면 젊은 부부가 아기를 데리고 다니는 모습이 아주 많이 보인다.

베트남의 인구 추세는 한국과 성장 과정과 아주 닮았다. 한국은 1950년대 한국전쟁으로 인구가 급격히 감소했다가 전쟁 이후 폭발적으로 늘었다. 인구가 너무 많이 늘어 산아 제한 정책으로 인구를 조정하기까지 했다. 베트남도 1970년대 베트남전쟁 이후 인구가 급속히 늘었고 이들이 지금의 베이비붐세대 *Post-War Generation*를 이룬다. 2025년 현재, 베트남에서 가장 많은 인구 분포를 지닌 이들이 가족을 이루고 아이를 낳은 시점이므로 베트남에 유독 아이가 많아 보이는 것이다.

2023년 기준으로 베트남 인구는 1억 명을 넘어서 전 세계에서는 15번째로 인구가 많은 나라이자 동남아시아에서는 인도네시아, 필리핀에 이어 세 번째로 인구가 많은 나라가 되었다. 2013년부터 약 10년간의 인구 증가 추세를 보면 매년 100만 명이 증가하고 있다. 현재 베트남은 인구구조의 황금기로 베트남 생산가능인구가 베트남 전체 인구 1억 명 중 7,000만 명, 즉 70%에 달한다. 생산가능인구란 경제 활동에 참여할 수 있는 15~59세의 인구를 뜻한다.

베트남의 생산가능인구는 앞으로 20~30년간 높은 비율로 유지될 것으로 보인다. 하지만 인구 출산율이 1.96명으로 조금씩 감소하고 있어 문제가 발생하고 있다. 여성 1명이 2명의 아이를 출산하면 현재의 인구수가 유지되지만, 이보다 적은 수를 출산하면 인구수는 점차 감소한다. 게다가 남성과 여성의 성비도 문제다. 2023년 출생아만 놓고 보더라도 여자 100명일 때 남자 112명으로 급격하게 성비 불균형이 발생하고 있다. 베트남 또한 유교 사상으로 인한 남아 선호가 강해 성비 불균형이 생기는 탓이다.

사회주의 공화국인 베트남의 특징

베트남의 영문 국가명은 'Socialist Republic of Vietnam', 번역하면 '베트남사회주의공화국'이다. 우리는 줄여서 '베트남'으로 부르고 있다. 여기서 주목할 점은 '사회주의*Socialism*'라는 말과 '공화국*Republic, 共和國*'이라는 말이다. 이 두 가지 뜻을 알면 베트남에 대해 조금 더 쉽게 이해할 수 있다.

먼저 '공화국'은 '공화국가*共和國家*'를 줄인 말이다. 공화국은 '주권이 국민에게 있는 정치 체제로 군주(임금)가 없는 국가'를 말한다. 공화국은 어떤 사상을 가지느냐에 따라 붙는 이름이 다르다. 민주주의 사상을 중요시하는 국가는 민주공화국, 줄여서 민국民國으로 부른다. 대한민국Republic of Korea에서 '민국'이 뜻하는 바가 이것이다. 사람, 즉 인민 사상을 중요시하는 국가에는 중화인민공화국People's Republic of China(중국)이 있다. 사회주의 사상을 중요시하는 국가는 베트남이라 불리는 베트남사회주의공화국 Socialist Republic of Vietnam이 있으며, 여러 사상이 복합적으로 있는 나라로는 라오스인민민주공화국 Lao People's Democratic Republic(라오스), 조선민주주의인민공화국 Democratic People's Republic of Korea(북한)이 있다.

베트남은 사회주의를 중심 사상으로 하는 국가이다. 사회주의는 공동으로 생산, 운영하는 협동 경제와 노동의 대가로 모든 사람이 평등하게 분배받는 사회를 지향하는 사상이다. 쉽게 말해 함께 일하고 평등하게 나누는 사회를 만들자는 이념이다.

사회주의 이념 중에 대표적인 정치사상이 '공산주의 Communism'이다. '다른 사람들과 나눔'이라는 라틴어 'Commune'에서 유래되었으며 사회주의의 일부 범주에 속한다. 사회주의와 공산주의는 혼용해서 사용해서는 안 된다. 공산주의는 '마르크스-레닌주의'라고도 불리는데, 노동자 집단이 권력을 갖고 국가와 같은 공동체를 구성해 모든 생산 수단을 소유하는 것을 지지하며, 최종적으로는 노동자들의 통제가 필요

사회주의와 공산주의 차이

구분	사회주의	공산주의
개념	개인의 의사와 자유를 최대한 보장하기보다는 사회 전체의 이익을 중시하는 사상	사회주의에서 평등을 실현하기 위해 근본적으로 사회 구조를 바꿔야 한다고 생각하는 사상
생산 수단 (토지, 자본, 노동)	공동 소유	국가와 같은 공동체의 소유
부의 분배	개인과 공동체의 이익 고려, 민주적인 통제	집단의 이익 우선, 사유 재산의 완전 폐지

없는 국가가 될 것이라고 믿는 급진적인 사회주의를 말한다. 공산국가는 전 세계에 베트남사회주의공화국(베트남), 중화인민공화국(중국), 쿠바공화국(쿠바), 라오스인민민주공화국(라오스), 조선민주주의인민공화국(북한) 이렇게 5개국이 있다.

베트남은 사회주의 중 공산주의 체제를 기반으로 한 국가라서 한 개의 정당만 존재하는 일당제로 정치가 운영된다. 즉 베트남 공산당이 국가보다 우위에 있으며 공산당을 이끄는 공산당 총서기장이 가장 높은 권력을 가진다. 다음으로는 외교와 국방을 담당하는 국가주석, 행정을 담당하는 국무총리, 입법을 담당하는 국회의장 순으로 권력의 서열이 나뉜다.

국회의원은 500명으로 5년에 한 번씩 투표로 뽑는다. 2021년에 15대 국회의원 선거를 치렀고 현재는 선임된 국회의원이 정치를 하고 있다. 베트남의 선거 투표율은 99%에 이르는데,

이는 대리투표가 가능하기 때문이다. 투표용지를 직접 작성하기 어려운 유권자는 다른 사람에게 투표를 부탁할 수 있다.

베트남은 국가의 개입 정도가 강하다. 토지는 국가 소유이며 개인은 건물 소유권만 인정한다. 또한 베트남 정부는 사회적 평등의 일환으로 교육과 의료 정책에 신경을 쓰고 있다. 특히 성평등을 강조하는 터라 세계적으로 여성의 정치 참여율이 높은 편이다. 국회의원 중 여성 비율은 23% 이상이다.

한국과 닮은 점이 많은 베트남

사회주의 국가이긴 하지만 베트남은 한국과 닮은 점이 정말 많다. 역사적으로도 그렇고 국민성도 그러하다.

먼저 역사적인 부분에서 닮은 점을 찾아보면, 두 나라 모두 식민통치를 받았다는 점과 식민통치 이후 남북으로 분단되었다는 점이다. 베트남은 19세기 후반에서 20세기 초반까지 프랑스의 식민통치를 받았다. 왕조가 통치하던 이전 체제는 파괴되었다. 2차 세계대전이 끝나고 식민통치는 종료되었지만 북쪽의 베트민Việt Minh, 越盟(베트남 독립동맹회의 줄임말)이 주도한 민족해방전선(북베트남)과 남쪽의 베트남공화국(남베트남)이 대립했다. 이때 소련과 중국은 사회주의를 강조한 북베트남의 편에 서고 미국은 자유민주주의를 강조한 남베트남의 편에 섰다. 그리고 두 진영 사이에 남북전쟁이 일어났다. 한국의 6.25 전쟁과 비슷한 역사적인 상황이다.

베트남의 국민성과 한국의 국민성도 많이 닮았다. 베트남 사람들은 이른 새벽부터 일어나 아침 운동을 하고 하루를 시작할 정도로 부지런하다. 교육열도 정말 높다. 교육이 성공으로 가는 길이라는 믿음이 있어 수입의 많은 부분을 자녀 교육비로 지출한다. 어른을 공경하는 문화와 조상을 섬기는 문화 등이 지금도 잘 지켜지는 모습을 보면 아시아 문화권에서 공통으로 보이는 유교 사상이 베트남에서도 영향력을 미치고 있음을 알 수 있다.

베트남 이름의 유래

베트남Việt Nam, 越南은 나라 이름의 변화가 많았다. 반랑Văn Lang, 文郞, 어우락Âu Lạc, 남비엣Nam Việt, 南越, 안남An Nam, 安南, 다이비엣Đại Việt, 大越, 베트남민주공화국을 거쳐 1976년 이후부터 현재까지 '베트남사회주의공화국'을 줄여 '베트남'으로 국명이 정해졌다.

베트남을 한자어로 쓰면 '越南(월남)'이다. 베트남어로 비엣Việt이라 발음되는 '월越'은 중국의 장강(양쯔강) 유역 남부의 사람을 칭하며, 오월동주吳越同舟, 와신상담臥薪嘗膽 등 중국 고사성어에 자주 나오는 '월나라'는 현재 상하이와 항저우를 중심으로 발전한 나라다. 베트남을 부르는 월남지역은 이러한 월나라의 남쪽을 뜻하며, 현재 베트남 북쪽 국경 지역과 실제 중국의 장강은 약 1,300 km 이상 떨어져 있다.

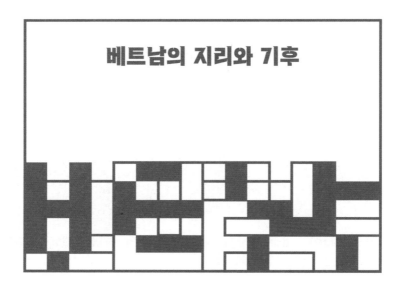

베트남의 지리와 기후

동남아시아의 인도차이나 해안에 위치한 베트남

베트남은 동남아시아 인도차이나반도 해안에 위치해 있다. 인도차이나반도는 인도와 중국 사이에 위치한 삼면이 바다로 둘러싸인 대륙이다. 가장 오른쪽에 베트남이 있고, 서쪽으로 캄보디아, 라오스, 태국, 미얀마가, 북쪽으로는 중국, 남쪽으로는 바다를 건너 말레이시아가 있다.

베트남의 국토 면적은 약 33만 1,690km^2으로 한국과 비교해 3.3배 정도 크다. 북부에 있는 하노이부터 남부의 호찌민까지는 약 1,650km, 서울에서 부산을 세 번 정도 이동할 거리다. 베트남 국토는 S자 형태를 띠고 있어 해안선의 길이가 길다. 약

3,260km에 달한다.

우리가 주로 가는 곳이 북부의 하노이, 중부의 다낭, 남부의 호찌민이라서 크고 긴 베트남 국토를 체감하기 어렵지만 북쪽 사파Sapa부터 하롱베이Halong bay를 거쳐 중부의 후에Hue, 다낭Da Nang, 냐짱Na Trang, 꾸이년Quy Nhon, 판티엣Phan Thiet, 남부의 호찌민, 껀터Can Tho, 베트남의 땅끝마을 까마우Ca Mau까지 오토바이나 차로 이동해 봤다면 그 긴 영토를 느낄 수 있을 것이다.

● 베트남 지도

베트남의 지형적 특성을 보면, 북부 산악지대에서 하노이를 거쳐 홍강 삼각주까지 고도가 낮아지는 지형이다. 베트남 북부부터 중부까지는 인접국 라오스와의 경계를 구분 짓는 안남산맥이 있고, 히말라야 산맥의 물줄기가 태국, 라오스, 캄보디아를 거쳐 베트남 남부의 메콩강 삼각지를 거쳐서 바다로 나간다. 이러한 지형적 특성을 기준으로 베트남을 8개 지역으로 나눌 수 있다.

인도차이나의 지붕이라 불리는 판시판*Pansipan*산을 포함한 사파가 있는 험준한 서북부 산악 지역, 하장이 있는 동북부 산악 지역, 하노이가 포함된 홍강 삼각주 지역, 하띤이 있는 북중부와 다낭이 있는 남중부 지역, 커피 재배가 잘되는 중부 고원 지역, 호찌민과 붕따우가 있는 동남부 지역, 벼농사가 활발한 메콩강 삼각주 지역이 그것이다.

베트남에서 해발 고도가 가장 높은 곳은 라오까이성에 위치한 판시판산으로 3,143m이다. 해발고도가 가장 낮은 지역은 동쪽 해안 지역이다. 베트남 지도를 보면 북서쪽의 높은 지대에서 동부 해안으로 낮아지는 형태를 가지고 있다.

북부부터 남부까지 다양한 기후를 가진 베트남

긴 지형을 가진 나라답게 베트남의 기후는 다양하다. 기후를 기준으로 하면 베트남은 북부, 중부, 남부로 구분할 수 있다.

먼저 호찌민, 푸꾸옥, 냐짱 등이 속한 베트남 남부는 태국처럼 건기와 우기가 뚜렷하게 구분되는 열대 기후인데 그중에서도 상대적으로 강수량이 적고 건우기가 뚜렷이 구분되어 초원지대를 이루는 '열대 사바나 기후*Savanna climate*'에 속한다. 비가 잘 오지 않는 여름과 비가 많이 오는 여름이 반반씩 있다고 생각하면 된다. 덕분에 베트남 남부는 농작물을 재배하기에 안성맞춤이다. 1년에 벼농사를 두세 번 짓는다. 기온은 연평균 27도이고 한낮에는 34도까지 올라가는 무더운 날씨이다.

다낭, 후에, 냐짱 등이 있는 베트남 중부는 우기는 있지만 계절풍의 영향을 받아 폭우가 많은 '열대 계절풍 기후*Tropical monsoon climate*'이다. 1년 중 대부분이 건기에 속하지만 9~10월에 집중적으로 비가 와 홍수가 발생한다. 10월 한 달 새 내리는 비의 양이 1,100㎜를 넘는다. 한국의 연평균 강수량이 약 1,300㎜인 것을 감안하면 얼마나 많은 양의 비가 집중적으로 내리는지 짐작할 수 있다.

하노이, 사파 등이 있는 베트남 북부는 온대 기후에 속한다. 조금 더 정확히는 '온난습윤기후*Humid subtropical climate*'이다. 무더운 여름과 선선한 겨울로 이루어져 한국의 남부 지역이나 제주도와 비슷하다. 사계절이 있고 여름 장마 기간에 강한 비가 내리며 겨울은 비교적 온화하다. 베트남은 북부부터 남부까지 기후가 다양하므로 여행지를 돌아보기 전에 기후를 체크해 두는 것이 좋다.

북부의 홍강과 남부의 메콩강

북부의 홍강*Hong/Red River*과 남부의 메콩강*Mekong River*은 베트남을 대표하는 두 개의 물줄기다. 두 강은 외세의 침략을 방어하는 데 아주 중요한 곳이며 두 강 모두 비옥한 삼각주를 포함하는 덕분에 먹거리가 풍부하고 배를 이용한 교통수단이 발달했다. 교통수단이 발달하니 사람들이 모여 일자리가 생기는 선순환이 이루어져 북부는 홍강을 중심으로 하노이가, 남부는 메콩강을 중심으로 호찌민이 발전했다.

홍강은 티벳과 중국 윈난성에서 시작되어 산간 지역인 라오까이성*Lao Cai Tinh*과 하노이를 거쳐 홍강 삼각주에서 동해로 흐른다. 강의 총 길이는 약 1,100*km*이고 이 중 베트남에서 흐르는 길이는 약 500*km*이다. 홍강은 강 속 퇴적물의 색이 붉은색을 띤다고 해서 붙은 이름이다. 베트남어로는 '송홍*Sông Hồng*'이라고 한다. 베트남어로 '강'은 '송*Sông*'이라 한다.

홍강은 부흥의 시대를 이끈 다이비엣 왕국의 리 왕조 시절 수도를 하노이로 옮기면서 번성하기 시작했다. 홍강 유역을 한자어로 '동쪽의 도읍지'라는 뜻의 '동경東京'으로 불렀는데, 동경의 베트남식 발음이 '동낀*Đông Kinh*'이고 이는 나중에 미국과의 베트남전쟁의 시작이 되었던 '통킹*Tonkin*'만의 유래가 되었다.

메콩강은 동남아시아 6개국을 흐르는 세계에서 12번째로 긴 강으로 길이가 4,300*km*에 달한다. 히말라야에서 시작해 중국, 미얀마, 태국, 라오스, 캄보디아를 거쳐 베트남 남부로 흐르는데 약 1억 명의 사람들이 '메콩강 대생활권'을 이루며 더불어 살아간다. 태국의 치앙라이*Chiang Rai*, 라오스의 방비엥*Vang*

● 베트남 북부의 홍강

● 베트남 남부의 메콩강

Vieng, 캄보디아 씨엡립 근처의 톤레삽*Tonle Sap* 호수, 베트남의 껀터 수상시장 등이 이에 속해 있다.

비옥한 메콩강 삼각주에서 3모작으로 재배된 쌀이 집결되어 거래되다 보니 호찌민은 상업적으로 발달한 도시가 되었다. 참고로 호찌민의 옛 이름은 '사이공*Saigon*'이며 17세기부터 1975년 남북통일이 될 때까지 이 이름으로 불렸다.

베트남의 행정 구분

베트남 행정 구역은 5개의 중앙직할시와 58개의 성<u>省</u>으로 구분되어 있다. 중앙직할시는 우리나라의 광역시와 같은 개념으로 수도인 하노이와 하노이로부터 100*km* 동쪽에 있는 공업도시 하이퐁, 중부 관광도시인 다낭과 남부 경제도시 호찌민, 메콩강 삼각주의 최대 도시인 껀터가 이에 해당한다. 성은 베트남어로 띤*Tỉnh*이라 하는데 경기도와 같은 곳이 58개 있다고 보면 된다. 58개의 성을 지역에 따라 편의상 8개로 구분한다.

- **서북부 6개성**: 라오까이, 라이저우, 디엔비엔, 선라, 호아빈, 옌바이
- **동북부의 9개성**: 하장, 까오방, 박깐, 랑선, 뚜옌꽝, 타이응우옌, 푸토, 박장, 꽝닌
- **홍강 삼각주 8개성**: 타이빈, 남딘, 닌빈, 하남, 빈푹, 박닌, 흥옌, 하이즈엉

- **북중부 6개성**: 타인호아, 응에안, 하띤, 꽝빈, 꽝찌, 트어티엔후에
- **남중부 7개성**: 꽝남, 꽝응아이. 빈딘, 푸옌, 카인호아, 닌투언, 빈투언
- **중부고원 5개성**: 꼰뚬, 잘라이, 닥락, 닥농, 럼동
- **동남부 5개성**: 빈푹, 빈즈엉, 동나이, 떠이닌, 바리어붕따우
- **메콩강 삼각주 12개성**: 롱안, 띠엔장, 벤쩨, 빈롱, 짜빈, 동탑, 허우장, 속짱, 안장, 끼엔장, 박리에우, 까마우

베트남 행정 구분

Level 1	Level 2		Level 3	
구분	베트남 행정 구분	한국 도시 구분	베트남 행정 구분	한국 도시 구분
58개 성 *Tỉnh*, 省	성도 *thành phố*, 城舖	직할시	방 *Phường*, 坊	동
	현 *Huyện*, 縣	군	시진 *Thị trấn*, 市鎭	읍
			사 *Xã*, 社	마을
	시사 *Thị xã*, 市社	시	방 *Phường*, 坊	동
5개 중앙직할시 *Thành phố trực* *thuộc Trung* *ương,* 城舖直屬中央	군 *Quận*, 郡	구	방 *Phường*, 坊	동
	현 *Huyện*, 縣	군	시진 *Thị trấn*, 市鎭	읍
			사 *Xã*, 社	마을
	시사 *Thị xã*, 市社	시	방 *Phường*, 坊	동

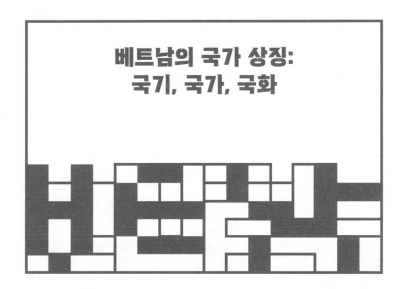

베트남의 국가 상징:
국기, 국가, 국화

독립의 상징, 베트남의 홍성 국기

베트남 국기는 붉은 바탕에 노란 별이 가운데 한 개 그려져 있다. 그래서 이 국기를 한자어로 '금성홍기金星紅旗'라고 한다.

베트남 독립운동가인 응우옌흐우티엔이 1940년 프랑스에 대항하는 코친차이나Cochinchina 봉기에서 처음으로 붉은 바탕에 노란 별을 그린 깃발을 사용하였고, 이것이 1945년 북베트남 국기가 되면서 프랑스와 일본에 대항하는 상징이 되었다. 이후 1945년 9월 2일 하노이의 바딘광장에서 베트남 독립 선언이 있었는데, 이때 베트남 독립의 상징으로 이 국기가 휘날렸다.

초기 베트남 국기의 모습은 현재와 조금 다르다. 별 모양이 현재의 별보다 뭉툭했고 그것이 1955년 뾰족하게 바뀌면서 현재의 국기가 되었다. 베트남 국기에는 상징적인 모습이 여럿 있다.

● 베트남 국기

먼저, 붉은 바탕은 독립을 위해 흘린 피와 혁명을 상징한다. 오각형 별은 사회주의 국가에서 사용하는 사농공상병士農工商兵 (지식인, 농민, 노동자, 상인, 군인) 다섯 계층이 어깨를 나란히 투쟁하는 모습을 뜻한다. 별이 노란 이유는 베트남인의 인종과 민족의 찬란함을 표현한다.

베트남에서 붉은색은?

베트남 국기의 붉은 색이 혁명과 혁명으로 흘린 피를 상징한다면, 베트남 사람들에게 베트남에서 붉은색은 행운과 건강을 뜻한다. 붉은색은 설 연휴인 뗏Tet 기간에 가장 많이 볼 수 있다. 1년의 시작이 한 해의 운을 결정한다고 믿는 베트남 사람들은 건강을 기원하며 붉은색 봉투에 붉은 5만동 지폐를 넣어 복돈Li-xi으로 주고받는다.

순수하고 우아한 베트남의 국화 연꽃

● 베트남 국화, 연꽃

베트남의 국화國花는 베트남 전역에 자생하는 연꽃이다. 한국 및 동남아시아에서도 흔하게 볼 수 있다.

진흙탕에서도 피어나는 연꽃은 고난과 역경을 이겨내는 상징이자 베트남인의 강한 의지를 대변한다. 또한 연꽃은 밤에는 꽃을 닫고 새벽이 되면 다시 꽃을 피우는데 새벽 운동으로 하루를 시작하고 늦은 저녁이 되기 전에 잠을 자는 베트남 사람들의 생활 패턴과도 매우 닮았다.

연꽃은 쓰임새가 많은 꽃이기도 하다. 꽃은 차로 만들고, 잎은 음식을 만들 때 사용하며, 연밥이라고 부르는 열매는 식용으로 쓰인다. 연꽃의 뿌리인 연근도 식용 또는 약용으로 사용된다. 특히 베트남은 정성이 많이 들어가는 연꽃차가 유명한데 새벽에 이슬을 머금은 연꽃을 채취해서 향을 가두는 작업을 해 그윽한 향기가 난다.

연꽃은 '순수함, 청정, 인내'라는 뜻이 있으며 꽃말은 '당신은 아름답습니다'이다. 어떤 상황에서도 꽃을 피우는 연꽃의 모습에서 힘든 상황을 이겨내는 정신을 배울 수 있다.

베트남 북부 닌빈 항무아 동굴 앞 연꽃밭

하노이에서 남쪽으로 100㎞ 떨어진 닌빈*Ninh binh*이라는 도시의 항무아*Hang Mua* 동굴 앞에 연꽃으로 가득한 장소가 있다. 항무아는 베트남어로 '춤추는 동굴'이라는 뜻이다. 산꼭대기에 용이 춤추는 듯한 지형이 있어서 붙은 이름이다. 이곳은 '육지의 하롱베이'라고도 불리는 베트남 북부의 대표적인 명소이다.

항무아 정상으로 가는 500개의 계단을 오르면 카르스트 지형의 웅장한 절경을 볼 수 있다. 하지만 사람들에게 인기 있는 장소는 단연코 항무아 동굴 입구에 있는 연꽃밭이다. 매년 6월 연꽃이 만개하는 시기가 되면 전통 의상인 아오자이를 입고 연꽃 사진을 찍으려는 사람들로 북적인다. 특히 연꽃은 오전 6시부터 9시 사이에 활짝 피므로 이른 아침에 방문하는 관광객이 많다.

● 닌빈 항무아 동굴 앞 연꽃밭

베트남 국가, 진군가

베트남의 국가는 〈진군가進軍歌〉, 베트남어로는 '띠엔 꾸언 까Tiến quân ca'이다. 직역하면 '군대를 나아가게 하는 노래'라는 뜻이다.

1944년 응우옌 반 까오Nguyễn Văn Cao가 프랑스가 물러간 후에도 일본 제국주의의 지배를 받던 베트남의 자유와 독립을 염원하며 작곡, 작사했다. 단결하여 굳세게 전진하자는 의지를 담은 〈진군가〉는 1945년부터 1976년까지 북베트남의 국가로 사용되다가 1976부터 통일 국가의 공식 국가로 자리 잡았다.

1980년대에 평화로운 내용을 담은 새로운 국가를 제정하려는 논의가 있었지만 〈진군가〉의 인기가 여전해 이를 대체할 노래를 찾기 어려워 그대로 유지되었다. 자유와 민족의 독립 투쟁을 위해 만들어진 만큼 〈진군가〉는 독립에 대한 의지가 아주 강하게 느껴진다.

베트남 국가

Đoàn quân Việt Nam đi,
베트남 군대여 전진하자.

Chung lòng cứu quốc
조국을 지키러 하나되어 나아가자.

Bước chân dồn vang trên đường gập ghềnh xa
우리 바쁜 걸음 소리가 길고 고된 길 위에 울려 퍼진다.

Cờ in máu chiến thắng mang hồn nước,
핏빛 승리로 빨갛게 물든 우리 깃발에 우리나라의 정신이 담긴다.

Súng ngoài xa chen khúc quân hành ca.
멀리서 퍼지는 총소리가 우리의 행진곡에 뒤섞인다.

Đường vinh quang xây xác quân thù,
영광으로 가는 길은 적의 몸뚱이를 넘어간다.

Thắng gian lao cùng nhau lập chiến khu.
모든 고난을 극복하고 우리 함께 저항 기지를 만든다.

Vì nhân dân chiến đấu không ngừng,
인민을 위하여 우리는 끊임없이 분투한다.

Tiến mau ra sa trường
전장으로 달려가면서

Tiến lên, cùng tiến lên
앞으로 모두 앞으로

Nước non Việt Nam ta vững bền.
우리의 베트남은 강하고 영원하다.

 베트남 국가 듣기

글로 읽기 쉬운 베트남어

영어로 표현하는 베트남어

베트남어는 태국어처럼 복잡한 모양이 아니라 우리에게 익숙한 알파벳으로 이루어져 있다. 왜 그렇게 되었는지 베트남의 역사 속으로 들어가보자.

14세기 베트남에서는 '쯔놈*chữ Nôm, 𡨸喃*'이라는 베트남식 한자를 사용했다. 쯔놈은 베트남어를 적기 위해 한자에 바탕을 둔 문자다. 하지만 복잡하고 한자를 잘 아는 사람들만 사용할 수 있어 널리 퍼지지는 못했다.

그러던 중 16세기 베트남에 가톨릭을 전파하러 온 포르투갈 선교사들이 이를 배우기 쉽게 라틴 알파벳에 성조 부호를

A	Ă	Â	B	C	D
(a)	*(á)*	*(ớ)*	*(bê)*	*(xê)*	*(dê)*
Đ	E	Ê	G	H	I
(dê)	*(e)*	*(ê)*	*(giê)*	*(hát)*	*(i)*
K	L	M	N	O	Ô
(ca)	*(e-lờ)*	*(em-mờ)*	*(en-nờ)*	*(o)*	*(ô)*
Ơ	P	Q	R	S	T
(ơ)	*(pê)*	*(cu)*	*(e-rờ)*	*(ét-sì)*	*(tê)*
U	Ư	V	X	Y	
(u)	*(ư)*	*(vê)*	*(ích-xì)*	*(i-cờ-rét)*	

● 베트남 글자

더한 표음문자(소리글자)로 적기 시작했다. 이후 17세기 프랑스 선교사 알렉상드르 드 로드*Alexandre de Rhodes*가 이를 정리해 '쯔 꾸옥응으*Chữ Quốc Ngữ*, 㗂國語'를 고안했다. 이는 글자를 뜻하는 '쯔㗂'와 국어의 베트남어 발음인 '꾸옥응으國語'를 합친 말이다. 라틴 알파벳을 사용한 이 표기법 덕분에 베트남어는 쉽게 읽고 쓸 수 있게 되었고, 19세기 프랑스의 식민지 시절에 이르러서는 베트남 전역에 보급되었다.

현재 베트남어는 자음 17개와 모음 12개인 29개의 알파벳으로 이루어져 있다. 자음 21개, 모음 5개로 이루어진 영어 알파벳과는 차이가 있다. 베트남어에서 쓰이지 않는 자음은 f, j, w, z이고, 모음이 7개나 많은 이유는 성조(소리의 높낮이)를 표기하기 위해서이다.

한자의 흔적을 담은 베트남어

베트남어에는 한자에서 유래된 단어가 많다. 이는 불교의 영향을 많이 받은 태국, 미얀마, 라오스와는 달리 중국의 영향을 많이 받았기 때문이다. 17세기 프랑스 선교사 알렉상드르 드 로드가 쯔꾸옥응으를 고안하여 사용하기 전까지 베트남은 한자를 주로 사용했다. 그래서 발음은 차이가 있지만 한자와 의미가 같은 단어가 많다.

예를 들어 개막*khai mạc*, 開幕, 결혼*kết hôn*, 結婚, 관리*quản lý*, 管理, 기숙사*ký túc xá*, 寄宿舍, 남녀*nam nữ*, 男女, 보통*phổ thông*,普通, 부동산*bất động sản*, 不動産, 사회*xã hội*, 社會, 의견*ý kiến*, 意見, 주의*chú ý*, 注意, 제도*chế độ*, 制度, 통보*thông báo*, 通報, 학비*học phí*, 學費, 해산*hải sản*, 解散과 같은 단어는 한자의 발음과 뜻이 거의 비슷하다. 사자성어도 마찬가지다. 많으면 많을수록 좋다는 '다다익선'은 베트남어로 '다다잇티엔'으로 발음된다.

이처럼 베트남어는 발음을 듣고 뜻을 유추하기 쉽다. 그래서 한자에 익숙한 한국인, 일본인, 중국인이 비교적 배우기에 쉽다. 베트남 사람들이 한국어를 배울 때 학습 속도가 빠른 이유도 이와 같다.

6성조의 언어, 베트남어

베트남어는 말소리의 높낮이를 구분하는 성조를 가진 언어로 총 6개의 성조가 있다. 참고로 한국어나 영어는 성조가 없으며 중국어는 4성조, 태국어는 5성조의 언어이다. 성조가 있는 언어는 발음의 높낮이에 따라 뜻이 달라진다. 예를 들어 '마*ma*'를 중간 높이의 평음으로 발음하면 '마귀'라는 뜻이지만, 중간 높이에서 위로 올려 말하면*má* '어머니'라는 뜻이 되고, 중간 높이에서 떨리듯이 올려서 말하면*mã* '말馬'이 되며, 중간 높이에서 짧고 급히 내리면*mạ* '쌀'이 된다.

베트남어의 6개 성조를 정리하면, 중간 높이의 평평한 타인응앙*Thanh Ngang*, 중간 높이에서 위로 올려 말하는 타잉 싹 *Thanh Sắc*, 중간 높이에서 떨리듯이 높이 올라가는 타잉 응아 *Thanh Ngã*, 중간 높이에서 아래로 내려 말하는 타인후옌*Thanh Huyền*, 중간 높이에서 짧게 아래로 급격히 내려가는 타잉 낭 *Thanh Nặng*, 중간 높이에서 아래로 갔다가 올라오는 타잉 호이 *Thanh Hỏi*가 있다.

어렵게 느껴질 수 있지만 간단한 회화 정도는 성조가 있어도 어렵지 않게 익힐 수 있다. 몇 가지 표현만 알아도 베트남 여행이 풍성해질 수 있으니 함께 배워보도록 하자.

베트남어 기본 인사말

구분	베트남어 한국 발음	베트남어
안녕하세요.	씬 짜오	*Xin chào*
죄송합니다.	씬 로이	*Xin lỗi*
예/아니오	자/콩	*Dạ/Không*
고맙습니다.	깜언	*Cảm ơn*
괜찮습니다.	콩 꼬 찌	*Không có gì*
이름이 뭐예요?	아인 뗀 라지?	*Anh Tên là gì?*
제 이름은 ○○○입니다.	뗀 또이 라 ○○○	*Tên toi là ○○○*
고수 빼주세요.	콩 쪼 라우 텀	*Không cho rau thơm*
얼마예요?	바오 니에우?	*Bao nhiêu?*

베트남어 숫자 표현

숫자	베트남어	한글 발음	성조
0	*không*	콩	중간 음으로 길게
1	*một*	못↓	중간음에서 낮은 음으로 짧게
2	*hai*	하이	중간 음으로 길게
3	*ba*	바	중간 음으로 길게
4	*bốn*	본↗	중간 음에서 높은 음으로
5	*năm*	남	중간 음으로 길게
6	*sáu*	사↗우	중간 음에서 높은 음으로
7	*bảy*	바~이	낮게 내려갔다가 다시 올라가는 음
8	*tám*	따↗암	중간 음에서 높은 음으로
9	*chín*	찌↗인	중간 음에서 높은 음으로
10	*mười*	므어↘이	낮은 음으로 내려가는 음

함께 생각하고 토론하기

베트남은 인도, 중국, 방글라데시와 더불어 세계적으로 경제성장률이 높은 나라입니다. 현재 많은 외국 기업이 베트남에 진출해 있으며 생산품을 만들고 있습니다. 베트남은 인적 자원도 풍부하고 교육열도 높아 지속해서 경쟁 성장을 하고 있습니다.

● 급격한 경제성장으로 편리해지는 이점도 있지만 그로 인해 나타나는 문제점도 생길 수 있습니다. 급격한 경제성장으로 나타날 수 있는 문제점은 어떤 것이 있을까요? 이 문제를 해결하려면 어떻게 해야 할까요?

●● 현대 사회에서 성장과 분배는 매우 중요합니다. 경제성장과 소득 분배와 관련하여 어떤 점을 중요시해야 할까요? 그 이유는 무엇인가요?

'생산가능인구'는 '경제 활동에 참여할 수 있는 인원'을 가리키는 말로 15세부터 59세의 사람을 뜻합니다. 현재 베트남의 생산가능인구는 베트남 전체 인구 1억 명 중 70%에 해당합니다. 또한 베트남은 15세에서 34세의 인구가 전체 인구의 약 35%를 차지합니다.

● 베트남은 젊은 인구가 많은 나라입니다. 젊은 인구가 많으면 국가 경쟁력이 높아진다고 합니다. 이 밖에 인적 자원의 증가는 국가 발전에 어떠한 영향을 줄까요?

●● 한국은 베트남과 달리 인구 고령화와 저출산의 문제가 심각합니다. 인구 변동에 따른 문제점과 이에 따른 해결책을 생각해 봅시다.

2부

베트남 사람들의
이모저모

"물을 마셨으면 그 원천을 기억해라. ('은혜를 잊지 마라'는 의미)"

When you drink water, remember the source.

– 베트남 속담

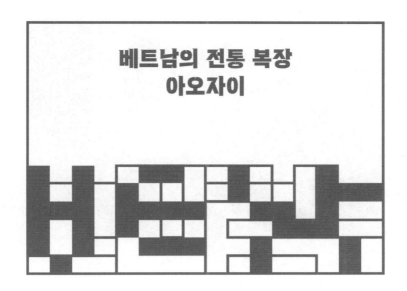

베트남의 전통 복장 아오자이

베트남 전통의상인 '아오자이*Áo dài*'에서 '아오*Áo*'는 한자어 '襖(도포 오)'를 베트남식으로 발음한 것으로 '옷'을 뜻하며, '자이*dài*'는 '길다'라는 의미이므로 아오자이는 '긴 옷'이라는 뜻을 가진다.

아오자이는 18세기 응우옌 왕조의 전통 의상인 '아오응우 딴*Áo ngũ than*'에서 시작되었다. 응우옌 왕조의 8대 왕 응우옌 풋코왈의 복장을 개혁하면서 탄생한 아오응우딴은 현재의 아오자이와 비슷하지만 앞면 두 개, 뒷면 두 개, 앞면 아래에 숨겨진 한 개, 총 다섯 개의 덮개 구조로 되어 있는 복장이었다.

● 베트남의 전통 복장 아오자이

● 교복으로도 입는 아오자이

왕족과 귀족은 정교하고 화려한 색상의 아오응우딴을 입으며 품위를 드러냈다.

그러다가 1930년대 베트남 예술가 응우옌깟뜨엉*Nguyen Cat Tuong*이 현재의 아오자이로 재디자인했다. 두 개의 덮개만 남기고 상의가 바지의 앞뒤를 덮는 구조로 허리를 잘록하게 강조한 드레스 형태의 옷이다. 오른쪽에 상의 단추를 달고 허리 옆이 트인 이 디자인은 당시 선정적인 복장으로 여겨져 베트남전쟁 이후 10년간 규제받기도 했다. 하지만 오늘날 아오자이는 베트남의 전통미와 단아함을 표현하는 의복으로 재해석되고 있다. 아오자이는 관공서나 은행의 유니폼으로도 흔하게 볼 수 있고, 베트남항공 승무원의 유니폼이기도 하다. 설 명절이나 결혼식 같은 행사에서 입는 아오자이는 특히 화려하다.

아오자이의 역사는 200년이 채 되지 않고, 일부 사람들은 개량된 서구 드레스로 보기도 한다. 그러나 베트남 명절과 결혼식 같은 특별한 순간에 입는 옷이라는 점에서 베트남의 전통과 얼을 담고 있다고 할 수 있다.

교복으로도 입는 아오자이

베트남에서는 아오자이를 고등학교나 대학의 교복으로도 입는다. 베트남 남부 붕따우 지역 고등학교에서는 매주 월요일을 '아오자이의 날'로 정해 아오자이를 입는다. 대학생들은 의무적으로 입지는 않지만 학교 행사나 축제, 졸업식, 기념일에 자주 착용한다. 최근 아오자이가 생활에 불편하다는 의견이 늘고 있지만 일주일에 한 번으로 입는 횟수를 절충해 베트남의 문화를 이어나가고 있다.

고등학생과 대학생이 입는 아오자이는 대부분 하얀색이며 신체의 17부위를 측정해 맞춤 제작된다. 보통 5~10만 원, 고급 원단을 사용할 경우 그 이상이 되기도 한다. 어린이용의 아오자이는 기성복으로 나와 있어 비교적 저렴하다.

호찌민시의 아오자이 축제

● 호찌민시의 아오자이 축제

베트남 통일 이후 1975년부터 약 10년간 아오자이는 베트남 사회에서 각광받지 못했다. 하지만 해외에서는 베트남의 아름다움을 표현하는 디자인으로 부각되었다.

그러다가 1989년 베트남의 개혁개방 이후 아오자이 미인대회가 처음 열리면서 아오자이의 아름다움은 전 세계로 알려졌다. 호찌민에서는 2014년부터 매년 3월 아오자이 축제를 열고 홍보대사와 약 30명의 저명한 디자이너를 초대해 전 세계에 아오자이의 전통적 가치와 아름다움을 전파하고 있다.

축제 기간 동안 아오자이를 입고 참여하는 퍼레이드가 펼쳐지기도 하고 아오자이를 대여해 입어볼 수 있는 외국인 대상의 체험 프로그램도 진행된다.

베트남의 전통 모자, 논라

베트남 여행을 다녀온 사람들이 꼭 하나씩 사오는 기념품이 있다. 바로 베트남 전통 모자인 논라*nón lá*이다. 논*nón*은 '모자'를, 라*lá*는 '잎'을 뜻하므로 논라는 '잎으로 만든 모자'라는 뜻이다. 줄여서 '농*nón*'으로 부르기도 한다. 한국의 '삿갓'과 비슷한 원뿔 모양이다.

논라는 2,500년 전 청동 유물에서 발견될 정도로 오랜 역사를 자랑하며 햇빛과 비를 막아주는 실용적인 용도로 농경문화에서 중요한 역할을 해왔다. 전설에 따르면 대홍수 때 거대하

● 길거리에서 쉽게 볼수 있는 베트남의 전통 모자, 논라

고 아름다운 여신이 하늘에서 내려왔는데, 그때 여신이 썼던 대나무 막대와 잎으로 이루어진 모자를 본떠 만들었다고 한다.

베트남 중부의 후에에는 전통공예마을이 있으며 논라를 만드는 과정을 볼 수 있다. 먼저 야자 잎이나 대나무 잎, 대나무를 건조하여 다림질한다. 대나무를 상아색으로 만들려면 건조과정이 중요하다. 다음은 대나무로 뼈대를 만들고 잎을 사용하여 엮는다. 마지막으로 광택제를 얇게 발라 방수 작업을 하고 턱끈을 추가하여 마무리 작업을 한다. 숙련된 장인은 논라한 개를 만드는 데 3~4시간이 소요된다.

아오자이를 입고 논라를 쓴 모습은 베트남을 대표하는 전형적인 이미지이다. 여기에 자전거를 타고 이동하는 모습까지 더하면 그야말로 베트남 하면 떠오르는 그림이 아닌가.

잠옷을 입고 집 밖으로 나가는 베트남 사람들

베트남에서 생활하다 보면 잠옷을 입고 외출하거나 장을 보거나 운동하는 모습을 종종 볼 수 있다. 이런 모습이 가능한 이유는 한국 사람들이 생각하는 위아래 세트로 된 잠옷을 베트남에서는 운동복이나 평상복으로 여기기 때문이다. 잠옷을 운동복이라고 생각하니 집 주변을 돌아다니는 데 거리낌이 없다. 물론 잠옷을 입고 돌아다니는 분들을 보면 나이가 좀 있는 아주머니가 많다. 화려한 꽃무늬 잠옷을 입고 돌아다니는 베트남 아주머니를 보고 있노라면 시골 할머니의 꽃무늬 몸빼가 떠오른다.

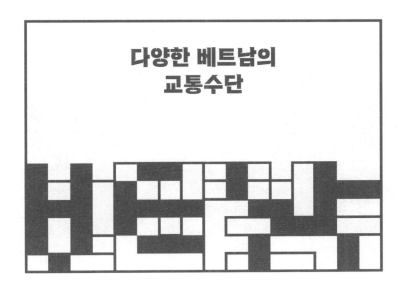

다양한 베트남의 교통수단

길거리에서 볼 수 있는 역동적인 오토바이 모습

신호에 대기 중이던 오토바이가 일제히 움직인다. 도로를 가득 메운 오토바이의 행렬이 바다에서 무리를 이루어 헤엄치는 정어리 떼 같다. 무질서 속에서 질서를 이루는 일사불란한 움직임, 자연스러운 방향 전환, 일정한 간격을 유지하며 이동하는 모습… 베트남 오토바이는 역동 그 자체이다.

베트남은 세계적으로 오토바이가 많은 나라로 꼽힌다. 2023년 기준으로 약 7,000만 대의 오토바이가 있다. 베트남 인구가약 1억 명이므로 3명당 2대꼴인 셈이다. 베트남에는 왜 오토바이가 많을까? 그 이유는 몇 가지로 설명할 수 있다.

● 호찌민시의 교통 모습

첫째, 대중교통이 발달되어 있지 않기 때문이다. 버스나 지하철 같은 대중교통이 제대로 갖춰지지 않아 개인 이동수단이 필요했다.

둘째, 오토바이는 저렴하게 구입할 수 있었다. 2022년 베트남 1인당 국내총생산GDP은 약 4,160달러로 경제력을 고려할 때 오토바이는 가장 좋은 선택지가 된다.

셋째, 도심 교통체증 문제가 심각하다. 교통체증이 심할수록 도로를 자유자재로 이동할 수 있는 오토바이는 그 효과가 극대화된다.

마지막으로 일본 오토바이 제조사들의 마케팅도 한몫했다. 혼다, 야마하, 스즈키 등 일본 브랜드는 베트남의 경제화 개방

● 역동적인 오토바이 모습

정책에 맞추어 다양한 수요를 충족시키며 시장을 장악했다.

오토바이의 확산은 베트남에 오토바이 주차 서비스 같은 새로운 문화를 만들기도 했다. 조금 큰 상점이나 음식점을 가게 되면 가게 앞에서 오토바이를 정리하고 주차 공간을 만들어 주는 '오토바이 주차 요원'을 흔히 볼 수 있다.

너무나 편리한 오토바이 배송 서비스

오토바이의 증가는 베트남 직업에도 변화를 가져왔다. 그중 하나가 오토바이를 이용한 배송 서비스이다. 한국에서는 주로 화물차를 이용한 택배 서비스가 주를 이루지만 베트남에서는 오토바이에 상자를 달아 물건을 배송한다. 오토바이 배송 서비스는 크게 세 가지로 나눌 수 있다.

첫째, 롯데마트 베트남 앱에서 주문한 물건을 오토바이를 통해 집 앞까지 배송해 주는 것이다. 이게 뭐 대단한 일인가 싶겠지만 동남아시아에서 온라인으로 주문한 물건이 바로 배송되는 것은 획기적인 시스템이다. 오토바이가 많고 이를 직업으로 삼는 사람들이 많아 가능한 일이다.

둘째, 음식 배달 서비스이다. 쌀국수, 커피, 음료수 등의 음식을 짧은 시간 안에 배달한다. 국물이 있는 음식도 문제없다.

셋째, 오토바이 택시 서비스이다. 오토바이 택시는 저렴한 비용으로 골목길을 빠르게 이동할 수 있으므로 마트처럼 가까운 거리 이동에 유용하다. 오토바이 택시를 이용할 때 헬멧 착용은 필수이며 성인은 최대 2명까지 탈 수 있다. 아이를 동반할 때는 성인 2명에 아이 1명까지 가능하다. 가끔 한 가족(아이 2명과 어른 2명)이 한 오토바이에 타고 이동하는 모습을 볼 수 있는데 불법이다.

장거리 이동은 신발 벗고 슬리핑 버스

국토가 길다 보니 지역 간 장거리 이동에는 슬리핑버스

● 장거리 이동은 신발 벗고 슬리핑 버스

Sleeping Bus가 주요 이동수단으로 자리 잡았다. 비행기는 가격이 비싸고 오토바이는 비효율적이기 때문이다.

슬리핑버스의 대표적인 노선은 북부의 하노이에서 소수 민족이 사는 사파까지, 남부 호찌민에서 동부 해안도시인 판티엣이나 남부 곡창지대인 껀터까지이다.

슬리핑버스는 말 그대로 누워서 자면서 이동하는 버스로 장거리 이동에 최적화되었다. 모든 좌석이 누울 수 있는 구조로 보통 2~3열로 되어 있고 1층과 2층으로 구분되어 있다. 3열 구조의 슬리핑버스는 앞뒤 간격이 좁아 완전히 눕기 어렵다. 우등버스에서 의자를 뒤로 많이 젖힌 수준으로 중거리 노선에서 많이 볼 수 있다. 2열 구조의 슬리핑버스는 버스 중심에서 좌

우로 누워 잘 수 있는 구조로 커튼이 양쪽에 있어 개인 공간이 확보될 뿐만 아니라 충전 단자와 생수도 제공된다.

버스에 탈 때는 신발을 벗고 운전기사가 나누어준 비닐봉투에 담아 보관한다. 휴게소에 들르면 비닐봉투에 담아둔 신발을 꺼내 신는 것이 아니라 운전기사가 제공하는 슬리퍼를 신고 이용한다. 일부 버스는 이불을 준비해 주기도 한다.

낭만의 자전거

베트남에서 자전거는 여전히 중요한 교통수단이다. 학생들이 어른용 자전거를 타고 등하교하는 모습은 특히 인상적이다. 베트남에서는 코로나 시기에 사회적 격리를 엄격하게 적용했다. 지역을 봉쇄하고 외부로의 이동을 금지한 적도 있다. 이런 시기를 겪은 베트남 사람들은 팬데믹 이후 운동과 환경에 관심이 높아졌고 오토바이 대신 자전거를 타고 운동하고 출퇴근하는 사람들이 늘어났다.

베트남에서는 전기 자전거도 인기가 높다. 오토바이와 달리 기어 변속도 없고, 페달을 돌리지 않아도 되고, 손잡이를 돌리는 것만으로 이동이 되니 아주 편리하다. 주차도 쉽고 오토바이에 비해 비싸긴 하지만 가격도 저렴하며 소음도 없다.

베트남에서는 벼가 가득한 논이나 해안가, 카르스트 지형

● 낭만의 자전거

을 따라 달리며 절경을 보는 자전거 투어가 유명하다. 하노이에서 2시간 정도 떨어진 닌빈, 베트남의 옛 수도인 후에, 해안 도시 다낭이 대표적이다. 베트남의 아름다움을 자전거를 타고 즐길 수 있는 특별한 여정을 추천한다. 바람을 맞으며 달리며 느끼는 자유는 여행의 낭만을 더해줄 것이다.

베트남 어촌의 대나무 바구니 배, 투옌퉁

대나무로 만든 바구니 형상의 배를 '투옌퉁*Thuyen Thung*'이라고 한다. 투옌*Thuyền*은 '배'를, 퉁*thúng*은 '바구니'를 뜻하므로 투옌퉁은 '바구니 배'로 해석할 수 있다. 동그란 바구니 배를 빙글빙글 돌리는 뱃사공의 모습을 유튜브에서 본 적 있다면, 다낭이나 호이안

영상일 가능성이 크다.

바구니의 형태로 대나무를 엮어 만들다 보니 배의 모양이 반원 구조다. 그래서 외국인들은 투옌퉁을 'Round basket boat'라고도 부른다. 크기는 지름 약 2m로 2~4명이 탈 정도이다. 뼈대, 대나무를 엮은 배, 노로 구성된 투옌퉁은 베트남 중부 호이안*Hoi An* 근처에서 수작업으로 제작되는 경우가 많은데 뼈대를 먼저 만들고, 대나무를 엮은 후 방청작업*Waterproof*을 한다.

바구니 배는 주로 바닷가에서 고기잡이를 위해 사용된다. 남부의 판티엣과 붕따우*Vungtau*에서는 새벽 4시 30분이 되면 바구니 배에 그물을 싣고 고기잡이하는 어부들의 모습을 볼 수 있다. 항구에는 그들이 잡아온 고기를 흥정해서 파는 작은 시장이 열린다.

최근에는 관광용으로도 인기를 끌고 있다. 특히 호이안 인근에서 바구니 배를 타고 맹그로브 강을 둘러보는 투어는 꽤 유명하다. 뱃사공의 현란한 노 젓는 기술이나 바구니 배를 360도 회전하는 퍼포먼스는 투어의 백미로 각광받고 있다.

● 남부 판티엣에서 볼수 있는 대나무 바구니배, 투옌퉁

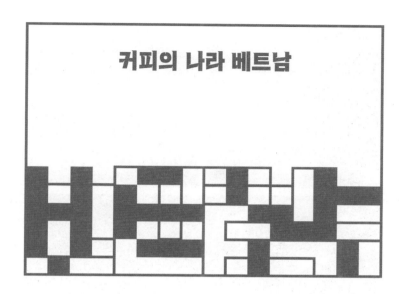

커피의 나라 베트남

세계에서 두 번째로 생산량이 많은 베트남 커피

베트남을 여행하면 "왜 이렇게 커피숍이 많지?"라는 생각이 들 것이다. 베트남 사람들은 커피를 매우 좋아해 출근길이나 휴일 커피숍에서 친구나 가족과 시간을 보내는 것을 즐긴다. 베트남에서 커피숍은 음료를 마시는 장소가 아니라 중요한 사교적 공간이다. 커피숍이 사회적 연결을 유지하는 장소로 기능하고 있다.

베트남의 커피 역사는 19세기 중반 프랑스 선교사들이 아라비카*Arabica* 품종의 커피나무를 베트남 남부에 심으면서 시작되었다. 프랑스 식민지 시절, 베트남의 주요 작물은 쌀과 같은

● 베트남 중부 고원 지대에서 생산되는 베트남 커피

농산물이었지만 이후 차와 커피 재배도 이루어졌다. 본격적으로 커피 재배가 활발해진 것은 1970년대 중반 베트남이 통일되면서부터다. 이 시기 정부는 농업을 국가 산업으로 장려해 중부 고원 지대에서 커피 재배가 활성화하기 시작했다.

베트남의 중부 고원 지대는 부온마투옷 *Buon Ma Thout*을 포함한 닥락*Dak Lak* 지역과 쁠래이꾸*Pleiku*를 포함한 잘라이*Gia Lai* 지역으로 구성된다. 이곳은 남부 호찌민에서 북쪽으로 약

350*km* 떨어진 곳으로 차로 약 7~8시간 걸린다. 해발 약 800*m* 인 이 고원 지대는 커피를 재배하기에 적합한 환경으로 생산량이 많은 품종인 로부스타*Robusta* 품종이 본격적으로 재배되기 시작했다.

1980년대는 경제 개방 정책이 시행되면서 민간기업의 활동이 두드러진 시기다. 기존의 사회주의 정책에서 벗어나 시장경제 원리를 도입한 경제개혁이 시행되자 중부 고원 지대의 커피 생산량은 폭발적인 증가했고 이후 베트남산 커피는 전 세계로 수출되며 이름을 알렸다. 특히 1990년 중반 브라질의 기록적인 한파로 전 세계 커피 생산량이 감소하면서 베트남의 커피 생산은 더욱 빠르게 성장했고 현재 베트남은 세계 2위의 커피 생산국으로 자리 잡았다.

베트남의 지리와 기후는 커피 생산에 매우 적합하다. 베트남 북부는 4계절이 뚜렷하고 높은 산지가 많다. 중부 고원 지대는 해발이 낮고 건기와 우기가 나뉜 독특한 기후이다. 영양이 풍부한 토양 역시 커피 나무가 자라기에 이상적이다. 높은 산지에서는 아라비카 품종이, 낮은 고원 지대에서는 로부스타 품종이 주로 재배된다. 베트남에서 수확되는 커피 대부분은 로부스타 품종이지만 최근 아라비카 품종도 일부 재배되고 있다. 특히 로부스타는 전 세계 인스턴트 커피의 원료로 널리 사용되며 커피 수요 증가와 함께 생산량도 꾸준히 늘고 있다.

더 진한 향의 로부스타 원두

베트남에서 커피를 주문하면 커피와 함께 '핀*Phin*'이라는 추출*Drip* 도구가 함께 제공된다. 핀은 즉석에서 커피를 내려 마시는 도구로 컵 위에 올려 사용하는데, 커피 가루 위로 뜨거운 물을 부으면 안쪽에 있는 구멍을 통해 천천히 커피가 추출되어 아래로 떨어지는 구조다.

베트남에서 핀으로 커피를 내려 마시는 이유는 베트남산 커피 품종과 크게 연관이 있다. 베트남에서 재배되는 커피의 약 90%는 로부스타 품종이다. 로부스타는 아라비카 품종에 비해 병충해와 질병에 강해 재배가 용이하지만 아라비카 품종에 비해 지방이나 당 함량이 낮다. 그래서 로부스타 원두는 강하게 로스팅하고 분쇄한 후 추출도 강하게 처리한다. 이렇게 만들어진 커피는 탄 향이 가득한 풍미를 지니는데, 이를 가장 맛있게 먹는 방법이 알루미늄으로 만든 핀에 곱게 분쇄한 로부스

● 더 진한 향의 로부스타 원두

● 아라비카와 로부스타 원두 구분

타 원두를 넣고 뜨거운 물을 부어 한 방울씩 떨어지는 커피를 기다렸다 마시는 것이다.

최근 유행하는 코코넛 커피, 연유 커피, 계란 커피

한국인의 커피 사랑은 유명하다. 2023년 기준, 한국인의 1인당 연간 커피 소비량은 약 405잔으로 하루에 한 잔 이상을 마셨다. 이는 세계 평균 소비량인 152잔의 약 2.5배에 달하며 미국의 연간 소비량인 318잔보다도 많다. 커피에 대한 관심이 높은 만큼 한국에서는 다양한 커피가 계속 소개되며 유행을 타고 있다. 최근 들어서는 베트남 커피가 인기를 끌고 있는데 코코넛 커피, 연유 커피, 계란 커피가 그 중심에 있다.

먼저 코코넛 커피는 베트남 여행객들이 '콩카페 *Cong cafe*'를 찾아가면서 알려졌다. 진한 코코넛 밀크, 연유, 얼음을 블렌더에 갈아 슬러시로 만든 후 탄 맛이 강한 로부스타 커

● 콩 카페

피를 부어주면 완성된다. 코코넛 밀크의 달콤함과 베트남 커피의 구수함이 조화를 이루는 독특한 맛이다.

코코넛 커피의 인기를 이끈 콩카페는 베트남의 싱어송라이터인 '린즁Linh Dung'이 설립한 브랜드로 하노이에서 처음 시작되었다. 이곳은 베트남의 옛 모습을 테마로 한 인테리어와 분위기로 현지인과 관광객 모두에게 사랑받고 있다. 초록색 배경과 빈티지한 소품들로 꾸며진 카페는 과거 베트남의 향수를 불러일으킨다. 콩카페는 2018년 한국에 진출한 이후 현재 20여 개의 매장이 있다.

연유 커피는 베트남의 기후에서 기인한 독특한 커피다. 베트남은 연평균 기온이 높아 우유 보관이 어려웠기에 보존성을 높인 연유를 사용했다. 연유는 우유에 설탕을 약 40% 넣어 줄여서 만든 우유로 당도가 높고 보존성이 뛰어나다. 연유의 단맛은 탄 맛이 강한 로부스타 커피와 잘 어울려 달달하고 고소한 커피가 된다. 연유 커피는 따뜻하게 마실 때 커피와 연유가 잘 섞여 풍미가 더욱 풍부해진다.

계란 커피(에그 커피)는 하노이에 가면 꼭 먹어봐야 할 커피로 꼽히는데 그 기원이 꽤 흥미롭다. 1940년대 하노이의 소피텔 레전드 호텔에서 일하던 응우옌 지앙Nguyen Giang이 우유가 떨어져 곤란하던 상황에서 우유 대신 계란 노른자와 연유를 섞어 커피를 만든 것이 그 시작이다. 지금은 계란 노른자, 연유, 우유, 설탕, 바닐라 향을 섞어 커피 위에 부드럽고 달콤한 거품을 얹어 만든다.

계란 커피는 한국의 '달고나 커피'와 유사한 점이 있다. 커피, 설탕, 물, 우유를 400번 이상 저으면 우유 단백질 속으로 설탕이 갇히면서 크림이 되는데, 달고나 커피는 이 크림을 우유 위에 올려 만든다. 계란 커피는 설탕, 물, 달걀 노른자를 섞어 만든 거품을 커피 위에 올려 만드는 방식이다. 두 커피 모두 간단하게 만들 수 있으므로 직접 시도해 봐도 좋겠다.

베트남의 커피 종류

종류	베트남 표기	내용
블랙 커피	*Cà Phê Đen* (까페 담)	베트남에서 볼 수 있는 전형적인 드립커피. 컵 위에 커피 가루를 넣은 드립 잔을 올려 놓고 뜨거운 물을 부어 커피를 추출한다.
연유 커피	*Cà phê sữa* (까페 쓰어)	베트남에서 인기 있는 커피. 연유를 컵에 먼저 따르고 커피를 드립시킨 후 섞어서 마신다. 믹스커피보다 맛이 진하다.
밀크 커피	*Cà phê sữa tươi* (까페 쓰어 투오이)	연유 대신 우유를 넣어주는 커피
연유 밀크 커피	*Bạc Xỉu* (박시우)	연유 커피에 우유를 첨가해 부드러운 맛을 낸 커피. 베트남 남부 지방에서 많이 먹는다.
코코넛 커피	*Cà Phê Dừa* (까페 즈아)	코코넛 밀크에 연유를 넣고 블랙 커피를 넣어 만든 커피. 주로 차갑게 마신다.
계란 커피	*Cà Phê Trứng* (까페 쯩)	계란 노른자에 연유를 섞어 만든 거품을 커피 위에 올려서 먹는 커피. 베트남 북부가 기원이며 맛이 진하다. 따뜻하게 먹어야 그 맛이 살아난다. 커피 위에 커스터드 크림을 얹은 느낌이다.
소금 커피	*Cà Phê Muối* (까페 무오이)	부드러운 우유 거품에 짭짤한 소금 맛이 나는 커피
아보카도 커피	*Cà phê bô* (까페 보)	아보카도 셰이크에 블랙 커피를 넣어 만든 커피. 아보카도의 고소한 맛이 난다.

베트남의 이색 카페 메린 커피 가든

베트남 남부 고원 도시 달랏Dalat에 '메린 커피 가든Mê Linh Coffee Garden'이라는 커피숍이 있다. 달랏 시내에서 약 20㎞ 정도 떨어진 이곳은 커피 애호가에게 꼭 추천하고 싶은 명소다. 테라스에서 탁 트인 커피 농장을 시원하게 내려다볼 수 있다. 커피 체리를 직접 볼 수도 있고 이를 수확하여 말리는 과정을 관찰하면서 커피를 추출해 맛볼 수도 있다. 자연 속에서 커피를 즐기는 특별한 경험을 선사하는 멋진 장소다.

● **달랏의 메린 커피 가든**

부온마투옷 세계 커피 박물관

베트남 중부 고원에 위치한 부온마투옷Buon Ma Thout은 커피의 도시로 유명하다. 이곳에는 수많은 커피 농장과 더불어 세계 커피 박물관이 자리 잡고 있다. 이 박물관은 베트남의 대표 커피 브랜드인 '쭝우옌 레전드Trung Nguyen Legend'가 2018년

부온마투옷을 커피의 수도로 자리매김하고자 개관한 곳이다.

쭝우옌 레전드는 1996년 당레응우옌부*Dang Le Nguyen Vu*가 창업해 2003년 G7 커피를 판매하면서 성장한 기업으로 현재 고품질의 커피를 생산하며 커피숍까지 운영하고 있다. 이 회사가 개관한 세계 커피박물관에는 1만 점이 넘

● 부온마투옷 세계커피박물관

는 커피 유물이 전시되어 있어 커피 애호가들의 발길이 끊이지 않는다. 건물 외관은 베트남 남부에서 커피를 수확하며 살아가는 소수 민족인 에데족*Ê Đê*의 전통 가옥을 모티브로 만들었다. 다섯 개의 건물이 있는데 내부는 모두 연결되어 있다. 안내하는 동선에 따라 관람을 마치면 박물관 밖에 쭝우옌 레전드 커피를 마실 수 있는 공간이 나온다.

박물관은 부온마투옷 중심가에 있어 쉽게 찾을 수 있으며, 길거리 어느 커피숍을 들러도 수준 높은 커피를 맛볼 수 있으니 커피를 좋아하는 사람이라면 한 번쯤 방문해 보자.

베트남의 뜨거운 교육열

베트남은 빠르게 경제성장을 이루고 있는 나라로 교육에 대한 투자와 학업 성취에 대한 열망이 뜨겁다. 전쟁으로 인한 가난과 어려움을 겪은 부모 세대는 자녀에게 더 나은 환경을 만들어 주고 싶다는 강력한 의지가 있다. 좋은 대학에 진학하면 성공할 가능성이 높아지므로 많은 가정에서 수입의 상당 부분을 교육비로 지출한다. 이는 한국의 모습과도 유사하다.

베트남에서 흔히 볼 수 있는 풍경 중 하나는 아이를 학원에 데려다주고 수업이 끝나면 데리러 오는 부모들의 긴 오토바이 대기 행렬이다. 내가 주재원 생활을 할 때 살던 아파트 1층에 영어 학원이 있었는데, 많은 학생이 이곳에서 학교 수업과는 별도로 영국식 영어 능력 시험인 'IELTS아이엘츠, *International English Language Testing System*'를 준비하며 공부했다. 대학 입학 시 공인 시험 성적이 중요하기 때문에 초등학생 때부터 영어 공부에 몰두하는 것이다.

베트남의 학제는 초등학교 5년, 중학교 4년, 고등학교 3년이며 대학교는 2~4년으로 이루어졌다. 총 9년의 교육이 정부에 의해 무상으로 제공되는 의무교육이다. 중학교부터 대학 입시를 위한 치열한 경쟁이 시작되며 고등학교에 진학하면 경쟁은 더욱 심해진다. 베트남에서 가장 가고 싶어 하는 대학교는 하노이국립대학교, 호찌민국립대학교, 똔득탕대학교, 하노이이공대학교, 두이탄대학교, 후에대학교 등이다. 이 중 최고의 대학은 하노이국립대학교로 서울대학교에 비슷한 위상을 지닌다.

베트남의 교육열에 비해 교사의 급여는 상당히 낮은 수준이다. 교사 초임 월급은 약 20만 원 수준이었으나 최근 30만 원까지 인상되었다고 한다. 하지만 최고 등급이 되어도 50만 원을 넘지 못해 급여의 인상 폭이 작다고 볼 수 있다. 외국계 기업의 대졸 신입 초봉이 50만 원 수준이고 외국어 능력이 뛰어나면 추가 수당도 고려한다는 점에서 볼 때 교사들의 급여는 노고에 비해 보상이 작은 편이다.

타이거맘의 등장과 사교육 열풍

최근 베트남에도 '타이거맘Tiger Mom'이라는 새로운 유형의 부모가 등장했다. 타이거맘은 자녀 교육에 엄격한 목표를 설정하고 그 목표를 반드시 달성하도록 강요하는 엄격한 양육 방식을 뜻한다. 베트남의 타이거맘들도 사교육의 중심인 학원을 필수로 다니게 하면서 강도 높은 교육을 받게 한다. 엄격한 훈육 방식으로 자녀가 학업에서 흔들리지 않도록 지도한다.

현재 베트남의 사교육 시장은 빠르게 성장하고 있다. 초등학교부터 고등학교까지 영어, 수학, 과학 등의 과목을 방과 후 학원 수업이나 과외를 받는다. 일부 학원은 새벽에 수업을 진행하기도 한다.

● 하교 후 아이들을 데리러 오는 베트남 부모들

학원 앞에 오토바이를 세워 두고 자녀를 기다리는 부모의 모습은 베트남의 흔한 풍경이 되었다. 과도한 교육열로 인해 사교육에 쓰는 비용도 베트남 가정의 평균 수입을 고려했을 때 상당히 높은 편이다. 2023년 기준 베트남의 1인당 국내총생산은 약 4,200달러이고 이를 월급으로 환산하면 평균 약 350달러 수준인데 영어 학원비가 두 달 기준 400~500달러, 한 달 기준으로 최소 200달러이다. 그럼에도 베트남 부모들은 야근과 철야를 마다하지 않고 자녀의 교육비를 지원하고 있다. 신분 상승의 기회는 교육에 달려 있다는 굳은 믿음 때문이다.

인기 있는 한국어 학과

베트남에서 영어와 함께 인기 있는 언어는 한국어이다. 특히 대학에서 한국어를 전공하려는 학생이 많다. 이는 K-드라마와 K-팝의 인기가 올라가면서 한국어를 잘하면 취업에 유리하다는 점이 작용한 것으로 보인다.

베트남에서 한국어 학과는 1994년 호찌민국립인문사회과학대학교에 처음 개설되었다. 현재는 북부 하노이국립대학교에서 약 800명의 학생이, 남부 호찌민외국어정보기술대학교에서는 약 1,200명이 한국어를 전공하고 있다. 이외에도 바리아붕따우대학교, 후에외국어대학교 등 60개 학교에서 약 2만

5,000명이 한국어를 배우고 있다(5년 전만 해도 한국어학과는 23개 학교에 8,000명 수준이었다).

한국어 학과 경쟁은 점점 치열해지고 있으며 일부 명문대에서는 한국어 학과의 입학 커트라인이 법대와 의대 수준으로 높아졌다. 이는 2021년 베트남 정부가 한국어를 제2외국어가 아닌 제1외국어로 지정한 사실도 큰 역할을 했다. 전 세계에서 한국어를 제1외국어로 지정한 국가는 베트남이 유일하다. 제2외국어는 선택 과목이지만 제1외국어는 학교가 채택해 초등학교 3학년부터 가르친다. 현재 100여 개 초·중·고등학교에서 한국어를 제1외국어로 채택해 가르치고 있으며 이러한 분위기는 대학 전공 선택에도 영향을 미칠 전망이다.

'한국어능력시험*TOPIK, Tests Of Proficiency In Korea*'의 중요성도 커지고 있다. TOPIK은 외국인을 대상으로 한국어 사용 능력을 측정하는 시험으로 듣기, 읽기, 쓰기 영역으로 구성되어 있다. 베트남에서는 대학 입학 및 한국 기업 취업의 중요한 평가 기준이 된다.

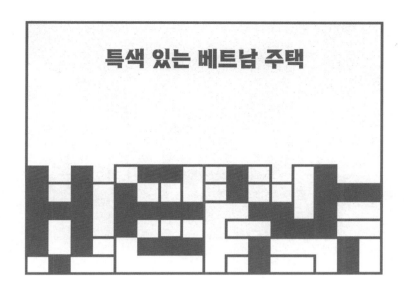

좁고 높이 솟은 튜브하우스

도로를 따라 놓여 있는 베트남 주택들은 그 형태가 독특하다. 건물 간 간격 없이 다닥다닥 붙어있으며, 도로와 접한 면적이 협소해 최소 4층 이상의 높은 구조로 지어졌다. 각 건물은 디자인이 서로 달라 마치 레고 블록을 조립해 놓은 듯하다. 베트남에서 볼 수 있는 가로 폭이 좁고 높이가 높은 이러한 건축물을 '튜브하우스*Tube House*'라고 부른다. 대형 하수관인 튜브*Tube*를 여러 겹 쌓아 올린 모양과 유사해 붙은 이름이다.

베트남 주택은 왜 도로와 맞닿은 부분이 좁고 높이 솟은 형태를 띠는 걸까? 이는 세금 정책과 관련이 있다. 베트남에서는

● 가로 폭이 좁고 높이가 높은 베트남 주택, 튜브하우스

도로와 인접한 부분이 클수록 세금이 높다. 그래서 세금을 적게 내면서 가족이 함께 살 공간을 확보하려면 도로에 접한 폭은 최소화하고 도로 뒤로 길게 땅을 차지하여 높게 지어야 한다. 그래서 마치 성냥갑을 여러 개 세워놓은 모양의 집이 탄생한 것이다. 베트남의 튜브하우스와 비슷한 형태의 건축물을 네덜란드 암스테르담에서도 볼 수 있다. 암스테르담의 전통 주택은 폭이 좁고 약간 기울어진 모양인데, 이 역시 규모와 창문크기에 따른 세금 문제와 건물을 지을 땅의 부족으로 생긴 주거 형태이다.

　튜브하우스는 공간 활용 면에서 독특한 특징을 보인다. 1층은 오토바이 주차장으로 사용하며, 2층부터 사람이 거주하는 공간으로 쓴다. 대가족이 함께 사는 터라 충별로 부모님, 조부모님, 아이들 방으로 공간을 배분한다. 수평으로 공간을 활용하는 한국과는 다르다.

튜브하우스는 창문을 낼 수 있는 공간이 도로 쪽과 반대편 두 곳밖에 없어 각 충마다 창문 수가 적다. 창문이 없는 벽면은 벽지를 바르지 않고 콘크리트가 그대로 노출된 경우가 많다. 창문 수가 제한된다는 점은 한편으로는 대도시에서 사생활을 보호하는 공간이 커졌다는 의미도 된다.

튜브하우스는 경제적인 이유와 대도시로의 인구 집중, 가족을 중시하는 문화가 합쳐진 결과물이다. 앞으로 경제가 더 발전하면 베트남도 아파트와 같은 주거 형태를 선호할 수는 있겠지만 적어도 지금은 튜브하우스가 베트남 도심 풍경의 하나로 남아 있다.

베트남 수상가옥

베트남에서는 수상가옥이라는 물 위에 떠 있는 주택 형태도 찾아볼 수 있다. 수상가옥은 메콩강이 흐르는 남부의 껀터, 북부의 하롱베이, 캄보디아 씨엠립*Siem Reap* 근처의 톤레삽 호수, 태국의 짜오프라야강이 흐르는 방콕 등지에서 볼 수 있다. 부유물과 나무를 이용해 만드는데, 나무로 바닥을 평평하게 한

● 물 위에 떠있는 주택 형태인 베트남의 수상가옥

후 벽과 지붕을 더해 공간을 나눈다. 이동 가능한 엔진이 달린 수상가옥도 있지만 대부분은 강가에 정박한 수상가옥에서 생활한다. 수상가옥의 가장 큰 장점은 집의 이동이 가능하고 어업과 낚시에 편리하다는 것이다. 수상가옥 거주민들은 어업에 종사하거나 수산물을 거래하며 생계를 유지한다. 집 앞이 강이므로 보트를 타고 나가 고기를 잡고, 잡은 물고기는 인근 수상시장에 판다.

베트남에서 유명한 수상시장은 메콩강 하류의 '까이랑 수상시장*Cai Rang floating market*'이다. 이곳에는 물고기뿐만 아니라 상류로부터 이동된 다양한 과일과 채소 거래가 이루어진다.

수상가옥 주민 대부분은 사연이 많다. 홍수나 화재로 집을

잃어버린 사람들, 육지에 방을 마련할 여유가 없는 사람들이 모여 있다. 육지에 있는 집들보다는 전기나 수도 등 생활 여건이 열악하지만 이웃과의 연대와 나눔은 더 없이 끈끈하다. 베트남의 수상가옥은 단순한 주거 형태를 넘어 그들의 삶과 문화를 고스란히 담고 있다.

조상을 모시는 제단, 반터

● 반터

대부분의 베트남 가정에는 조상을 모시는 제단이 있다. 작은 상 위에 꽃과 과일을 올리고 향을 피우는데 이를 '반터*bàn thờ*'라고 한다. 베트남어로 반*bàn*은 '책상'을, 터*thờ*는 '숭배하다'를 뜻한다. 한국어로 해석하면 '제단'에 해당한다. 유교 문화의 영향이 남아 있는 베트남에서 반터는 규모의 차이는 있을 수 있지만 매일 정성을 들여 조상을 모신다는 점에서 한결 같다. 흥미로운 점은 반터 위에 초코파이가 종종 오른다는 것이다. 보통은 꽃과 과일이 올라가지만 초코파이를 상자째 올리는데, 이는 초코파이가 비싼 음식이어서가 아니라 포장지에 적힌 '정*Tinh,* 情'이라는 글자가 베트남 사람들에게 공감을 불러일으킨 것이 아닐까 싶다.

다양한 종류의 시장

사람 내음 가득한 베트남 시장

베트남에서 꼭 가봐야 할 곳 중 하나가 재래시장이다. 시장은 베트남 곳곳에서 만날 수 있지만 대표적으로 하노이의 동쑤언 시장*Dong Xuan market*, 냐짱의 담시장*Dam market*, 다낭의 동다시장*Dong Da market*, 호찌민의 벤탄 시장*Ben Thanh market*이 유명하다. 관광지로 알려진 시장들이라 붐비긴 하지만 시장 구석구석을 다니며 과일을 사 먹기도 하고 베트남 전통의상이나 각종 기념품을 구경하며 즐거움을 느낄 수 있다.

베트남에서 조금 긴 휴가를 보내게 된다면, 아침 시장을 꼭 방문해 보길 바란다. 베트남 사람들은 매우 부지런해서 오전

● 사람 내음 가득한 매력적인 베트남 시장

6시에 시장 문을 열어 오전 10시 무렵 더워지기 전에 문을 닫는다. 내가 있던 붕따우에서도 시내 곳곳에 아침 시장이 열렸는데, 사람 내음 가득한 매력적인 시장이었다.

아침시장에서는 뜨끈한 국물의 쌀국수와 갓 만든 반미(베트남식 샌드위치), 각종 열대 과일, 신선한 채소, 닭고기와 생선을 파는 상인을 쉽게 만날 수 있다. 찐 고구마와 두유, 사탕수수 주스도 살 수 있으므로 아침 식사를 즐기기에 제격이다. 특히 꽃을 파는 상인이 눈에 띄는데, 이는 반터(제단)에 올릴 꽃을 구매하려는 사람이 많기 때문이다. 아침 준비를 위해 들른 아주머니들과 출근길에 간단히 아침을 해결하려는 직장인들이 시장 특유의 활기를 더한다. 베트남 사람들이 편의점 대신 아침 시장을 찾는 이유는 신선한 재료와 시장에서만 느낄 수 있는 따뜻한 사람 내음 때문이 아닐까.

베트남 남부 까이랑 수상시장

베트남 남부 최대 도시 껀터는 메콩강의 삼각주에 위치한 베트남 최대 곡창지대로 베트남 쌀 생산량의 절반 이상을 담당하며 포멜로, 두리안, 잭프루트, 망고 등 다양한 과일이 재배된다. 초콜릿 원료인 카카오도 생산된다.

이곳에서 아주 독특한 시장을 만날 수 있다. 바로 까이랑 수상시장*Cai Rang floating market*이다. 메콩강 삼각주에 위치한 덕분에 배로 쌀과 과일의 운반이 이루어지면서 자연스럽게 형성된 시장이다.

까이랑 수상시장을 제대로 즐기려면 이른 아침에 방문해야 한다. 도매시장이라서 주로 대규모 거래가 이루어지지만 일부 상인들은 소매로도 물건을 판다. 배 위에 가득 실린 과일과 농산물만 보아도 상인들의 부지런함을 느낄 수 있다.

군침 도는 먹거리도 빼놓을 수 있다. 그중 유명한 음식은 남부 스타일의 쌀국수인 '후띠우*Hu Tieu*'이다. 얇은 면이 뜨거운

● 베트남 남부 까이랑 수상시장. 과일과 국수를 팔고 있는 상인들의 모습

육수와 함께 제공된다. 이른 아침 수상시장을 구경하고 따끈한 국수 한 그릇을 먹는 경험은 색다른 추억을 남긴다.

소수 민족이 모이는 베트남 북부 박하시장

베트남 북부 라오까이Lao Cai는 중국과 국경을 접한 도시다. 하노이에서 버스로 5시간 정도 이동하면 도착한다. 이곳에서 1시간 반 정도 더 이동하면 '박하시장Bac Ha market'을 만날 수 있다. 박하시장은 매주 일요일에만 열리는 이색적인 시장으로 '일요시장'으로도 불린다.

박하시장은 베트남 북부 소수 민족이 모여 물건을 사고파는 전통시장으로 몽족Hmong people, 따이족Tay people, 야오족Dao people 등 다양한 소수 민족이 참여한다. 화려한 전통의상을 입은 사람들과 상인의 모습을 보노라면 마치 시간여행을 하는 듯한 느낌이 들곤 한다.

시장 내부는 몇 개의 구역으로 나뉘는데 그중 가장 큰 규모는 소를 파는 우시장이다. 우시장으로 가는 길 중간에 강아지, 염소 등 가축을 파는 시장과 음식을 파는 먹자거리가 있다. 소수 민족이 만들어 온 수공예품과 전통의상도 있는데, 그들의 솜씨에 감탄이 절로 나온다. 한쪽에서는 밭에서 키운 농산물을 판다. 이발사도 보인다. 머리를 자르려 줄 서는 사람이 많은

● 베트남 북부 박하 시장. 소수 민족의 생활을 엿볼수 있는 시장

걸 보니 솜씨가 좋은가 보다.

박하시장은 세계에서 가장 아름다운 시장으로도 불린다. 그이유는 소수 민족의 전통의상 때문이다. 대부분의 상인이 자기민족의 전통의상을 입고 있다.

가장 먼저 눈길을 끄는 소수 민족은 형형색색의 화려한 옷을 입은 '화몽족*Flower Hmong people*'이다. '꽃의 몽족'이라고도불린다. '블랙몽족*Black Hmong people*'은 이와 달리 검은 염색을한 옷을 주로 입고 다닌다. 야오족 중 유명한 '레드야오족*Red Dao people*'은 검은 옷에 빨간 두건을 둘러쓴 복장을 하고 있다.

박하시장은 아침 일찍 시작하며 오후가 되면 물건을 팔고벌어들인 수익으로 생필품을 사는 사람들이 많아진다. 집에 돌아가기 전에 필요한 물건을 구매하려는 것이다. 소수 민족 사람들이 사는 집과 박하시장까지는 거리가 꽤 멀어 오후에는 다들 부지런히 정리하고 시장을 마무리한다.

군침 도는 먹거리 천국 야시장

더운 동남아에서 이동하기 좋은 시간은 해가 진 이후다. 불빛이 하나둘 켜지고 고소한 냄새를 따라 발걸음을 옮기면 야시장을 만날 수 있다. 그중 '달랏 야시장*Da Lat Night market*'은 베트남에서 가장 유명하다. 달랏은 남부 호찌민에서 약 300*km* 북쪽

● 베트남 남부 달랏 야시장 중심가

● 레몬그라스와 다진 고기와 함께 쪄낸
달팽이 요리

● 숯불구이 오징어

에 위치한 고산 도시로 달랏 야시장은 시내 중심에 있어 접근
성이 좋고 규모도 커서 매년 수많은 관광객이 방문하고 있다.

야시장 하면 길거리 음식이 떠오를 정도로 거리에는 맛있는
냄새가 가득하다. 라이스페이퍼를 숯불에 구워 치즈와 소시지,
매운 소스를 올려 먹는 베트남 스타일 피자(반 짱 느엉), 즉석 숯

불구이 바비큐, 레몬그라스와 다진 고기를 함께 쪄낸 달팽이 요리, 소금과 설탕에 절인 각종 과일, 구운 바나나, 구운 옥수수, 아보카도 아이스크림까지 군침 도는 음식이 한 가득이다.

달랏의 특산물인 아보카도, 딸기, 달랏와인, 아티초크 차, 각종 쨈 등도 있다. 한국에서 '아티소'라고 부르는 아티초크는 브로콜리처럼 꽃봉오리를 먹는 채소인데 유럽 지중해에서는 아주 유명하다. 혈압과 혈당 조절에 좋다고 알려졌으며 이곳에서는 농축액 형태로 많이 판매된다.

야시장은 저녁을 먹지 않고 방문하는 것이 좋다. 다양한 음식을 조금씩 맛보면서 구경하다 보면 보는 즐거움과 먹는 즐거움을 모두 만족스럽게 느끼게 될 것이다.

베트남 화폐 종류

　베트남 화폐 단위인 '동Dong'은 동전銅錢의 '동'에서 발음만 따온 것으로 프랑스 식민지가 되기 전부터 사용하다가 독립 후 통화가 통일되면서 1978년부터는 지폐를 만들어 사용하기 시작했다.

　베트남동은 VietNam Dong을 줄여 VND으로 표기한다. 현재 환율 기준으로는 1만 동이 약 500원의 가치를 지닌다. 베트남동을 한국 원화로 환산하려면 전체 금액을 반으로 나누고 0 하나를 빼주면 된다. 예를 들어 1만 동은 반으로 나눈 5,000에서 0을 하나 더 빼주면 500원이 계산된다.

　베트남의 모든 지폐 앞면은 호찌민 대통령 초상화와 '베트남사회주의 공화국'이라는 문구, 베트남 국장이 그려져 있다. 뒷면에는 중요 문화재와 베트남을 상징하는 것이 표현되어 있다. 지폐는 금액이 커질수록 가로 2㎜, 세로 1㎜씩 커진다. 1만 동 이상의 지폐는 잘 찢어지지도 더럽혀지지도 않는 폴리머 재질로 되어 있다. 지폐의 뒷면은 다음과 같다.

50만 동, 호찌민 주석 고향집
호찌민 주석의 고향인 응에안의 연꽃마을
에 있는 고향집 사진

20만 동, 하롱베이의 향로바위
하롱베이가 그려져 있다. 하롱베이는 수천
개의 카르스트섬을 볼 수 있는 장소로 향로
(향을 피우기 위한 도구) 바위의 모습이 담겨 있
다. 썰물 때는 이 바위를 받치고 있는 다리
를 볼 수 있다.

10만 동, 문학사 사원
하노이에 위치한 문묘의 '문학사 사원(규문
각)'이 뒷면에 그려져 있다. 문학사 사원은
11세기에 만들어진 '베트남 최초의 대학'이
다. 조선시대의 성균관과 같은 곳이다.

5만 동, 푸 반 라우
베트남 중부 후에의 왕궁 바로 앞에 있는 누
각인 '푸 반 라우'가 그려져 있다. 흐엉강에
위치한 이 누각은 응우옌 왕조의 공문을 나
열하고 전시하는 장소였다. 베트남어로 푸
는 '전시'를 뜻하며 반은 '사무'를, 라우는 '높
은 층'을 뜻한다.

2만 동, 내원교
베트남 중부 호이안에 있는 '내원교(파고다 다
리)'가 그려져 있다. 내원교는 17세기 일본
인 상인에 의해 만들어진 18m 크기의 목교
로 지금도 투본강을 건너는 다리로 사용되
고 있다.

1만 동, 백호 해상 유전
백호 해상 유전은 베트남 남부 붕따우에 있
는 최대 규모의 유전이다. 1만 동 지폐 뒷면
에 그려진 그림은 석유를 바다에서 뽑아 올
리는 장비를 보여준다.

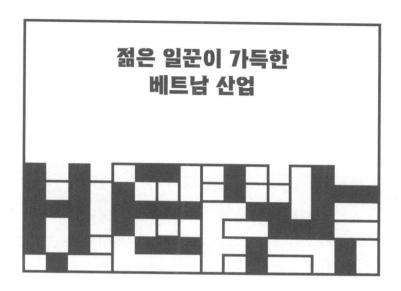

젊은 일꾼이 가득한
베트남 산업

외국 자본으로 발전하는 전자 산업

베트남의 산업 발전은 정부 개발 원조ODA, Official Development Assistance와 외국인 직접 투자FDI, Foreigner Direct Investment가 큰 영향을 미쳤다. '정부 개발 원조'란 개발도상국의 경제 개발과 복지 증진을 위해 선진국이나 국제 기구에서 제공하는 지원을 의미한다. 한국도 한국전쟁 이후부터 1970년대까지 정부 개발 원조를 통해 경제 기반을 다졌다. 베트남은 1980년대 '쇄신'을 뜻하는 '도이머이' 개혁 개방 정책을 시행하면서 산업 경제가 본격적으로 발전하고 있다.

삼성전자는 1996년 베트남에서 사업을 시작해 2008년부터 본격적인 투자를 진행했다. 삼성이 가동하는 북부의 박닌 공장과 타이응우옌 공장은 '외국인 직접 투자'의 성공 사례로 꼽힌다.

삼성은 냉장고, 텔레비전, 세탁기 등의 가전제품뿐만 아니라 스마트폰도 생산하고 있다. 현재 전 세계로 수출되는 삼성 스마트폰의 약 50%가 베트남에서 생산되고 있으며 이는 베트남 국내총생산의 약 20%에 해당한다.

전자 산업은 베트남 경제의 핵심 축이다. 2006년 11월 세계무역기구WTO의 정식 회원국이 되면서 전자 산업에 대한 정부의 직접적인 지원과 특혜가 줄긴 했지만 외국인 자본의 지속적인 유입으로 베트남 전자 제품 제조업은 세계적인 수준으로 올라섰다. 삼성전자와 LG전자는 베트남에 R&D 센터를 설립하여 고급 인력을 양성하고 있으며, 이는 전자 산업의 중추적인 역할을 할 인재를 길러낼 것으로 기대된다.

현대화 공업화로 발전하는 대규모 석유 산업 시설

베트남 정부는 남부 경제 구역인 호찌민, 동나이, 바리아붕따우 등을 중심으로 산업화와 현대화를 추진하면서 지속 가능한 성장률을 가진 경제 구역으로 발전시키기 위한 계획을 수립했다. 계획의 핵심은 석유화학 산업단지의 조성이다. 호찌민에서 남동쪽으로 약 150km 떨어진 바리아붕따우 롱손섬에는 연간 에틸렌 100만 톤, 석유화학 제품 120만 톤을 생산할 수 있는 베트남 최초의 석유화학 복합산업단지가 들어섰다.

베트남의 수출 품목 1위는 석유다. 과거에는 생산된 원유를 그대로 수출했으나 이제는 정제와 가공 과정을 거쳐 플라스틱 같은 석유화학 제품을 생산해 부가가치를 높이고 있다. 이 중심에 있는 것이 바리아붕따우 석유화학복합단지이다. 석유화학 제품은 플라스틱, 고무, 비료, 페인트, 접착제, 세제, 가전제품, 섬유, 자동차 부품, 파이프, 포장재 등 거의 모든 제조업에서 원료로 사용된다. 따라서 농업과 수산업 같은 1차 산업에서 제조업, 건설업 같은 2차 산업으로 넘어가려면 석유화학 산업을 필수로 키워야 하며 이를 위해서는 원유의 정제와 가공이 필요하다.

2020년 이전, 베트남 북부의 융꽉 정유 공장과 중부 탄호아 지역의 응이선 정유 공장은 원유을 정제하는 작업을 담당했고, 남부에서는 폴리프로필렌^{PP} 같은 포장용 플라스틱과 파이프 소재를 생산했다. 그러나 리아붕따우 롱손섬 석유화학 산업단지가 2024년 준공되면서 상황이 달라졌다. 이곳은 플라스틱, 합성섬유, 합성고무의 원료가 되는 올레핀^{Olefin}뿐 아니라 플라스틱병, 식품 포장 뚜껑, 쓰레기통 같은 저비용 플라스틱, 쓰레기봉투 등을 만드는 폴리에틸렌^{PE}, 포장용 랩에 사용되는 폴리프로필렌 같은 다양한 석유화학 제품을 한곳에서 생산할 수 있

● 베트남 바리아 붕따우 석유화학 복합단지

는 베트남 최초의 석유화학 복합산업단지로 위용을 갖추었다.
약 5.7조 원 규모의 바리아붕따우 롱손 석유화학 산업단지 건
설에는 한국 기업들의 활약이 두드러졌다. 포스코이앤씨, SK
건설, 삼성엔지니어링, 현대엔지니어링 등이 맡아 구간별로 공
사를 진행했으며, 이외에 베트남의 기존 정유 공장건설과 기반

시설 구축에도 한국 기업들이 중요한 역할을 담당했다.

석유화학 제품에 대한 수요가 급격히 늘어나고 있지만 베트남 내 생산 시설은 여전히 부족해 아직은 많은 부분을 수입에 의존하고 있다. 석유화학 제품의 자국화를 점진적으로 확대한다면 베트남의 경제 발전의 속도는 더욱 빨라질 것이다.

의류 및 신발 제작에 강점이 있는 베트남

오늘날 의류 브랜드 원산지를 확인해 보면 '메이드 인 베트남' 제품을 손쉽게 발견할 수 있다. 등산복, 골프복, 기능성 속옷, 신발 등 많은 제품이 베트남에서 만들어진다.

대표적인 경공업 산업인 섬유와 의류업은 노동력이 주요 자원이라서 국가 발전 초기 단계에서 집중하게 된다. 베트남 역시 많은 인구를 기반으로 경공업 분야가 발전했다. 최근에는 해외 기업들의 투자와 베트남의 풍부한 노동력이 결합하여 더욱 발전하고 있다. 자재를 수입해 베트남에서 생산한 뒤 완성된 제품을 다시 수출하는 방식으로 운영되는데, 매년 꾸준한 성장률을 보이고 있으며 자유무역협정FTA을 통해 유럽으로도 활발히 수출되고 있다. 베트남은 여전히 의류 산업에 강점이 있다.

활발한 여성 활동과 모계사회

베트남은 동남아시아 국가 중에서도 모계사회의 특징을 보인다. 베트남 역사를 보면 많은 전쟁이 있었고 전쟁으로 인해 남성 인구가 감소하면서 여성이 생계 전선에 뛰어들어 가족을 부양한 사실을 확인할 수 있다. 이러한 역사적 배경은 여성이 가족을 지키고 가장의 역할을 하는 계기가 되었다.

베트남은 아시아에서 여성 경제 활동 비율이 높은 국가 중 하나다. 이는 베트남 여성의 강인한 생활력과 근면 성실한 특징 덕분이다. 과거 베트남은 농업이 주된 산업이었고 농업은 성실함이 필요한 일이다. 베트남 여성은 이런 농업 경제에서 두각을 나타냈고, 이를 기반으로 상업 분야에서도 강점을 보였다. 이는 베트남 여성들이 경제적인 지위를 높이는 데 크게 기여했다.

지금도 베트남 여성의 사회 활동은 여전히 활발하다. 직장 생활을 하는 여성, 공무원으로 근무하는 여성, 자영업을 하는 여성의 수는 남성과 거의 비슷한 수준이다. 자립심이 강하고 적극적인 성격 덕분에 베트남 여성들은 결혼 후에도 직장 생활을 하며 사회생활에도 적극적으로 참여한다.

베트남 여성의 날 기념 행사

10월 20일은 국가가 지
정한 '여성의 날Happy woman's
day'이다. 공휴일은 아니지만
여성이 사회에 기여한 업적을
축하하기 위해 제정했다.

베트남 정부는 1930년 여
성과 남성은 동등한 권리를

● 활발한 여성 활동

가진다고 공표했며 다양한 지원 정책을 펼쳤다. 여성단체가 설립된 시
기도 같은 해이다. 이후 여성은 투표에 참여하는 등 활발한 사회 활동
을 했다. 여성의 날은 이런 역사를 기념하여 크고 작은 축하 행사가 이
어진다. 기업에서도 여성의 날이 되면 여러 행사를 개최한다. 여직원에
게 꽃다발을 나누어 주고 감사 인사를 나눈다거나 아오자이를 입고 행
사에 참여한다거나. 행사가 끝나면 대개는 식사 자리를 마련해 그들의
공헌을 치하한다.

여성의 날은 가족이나 연인 간에도 특별한 날로 여겨진다. 남편은 아
내에게, 남자친구는 여자친구에게 꽃다발을 선물하고 분위기 좋은 식
당에서 식사를 즐긴다. 이 날 시내의 좋은 식당들은 예약으로 꽉 차며
교통체증도 심해진다. 한 해에 두 번 여성의 날을 기념하는 나라는 흔치
않은데, 베트남은 또 다른 여성의 날인 '국제 여성의 날'도 있다. 매년 3
월 8일인 이 날 역시 여성에게 꽃을 선물하고 축하하지만, 10월 20일처
럼 큰 행사가 열리진 않는다.

함께 생각하고 토론하기

베트남에서는 아이들의 하교 시간에 맞추어 부모들이 오토바이로 아이들을 학원에 바래다주고, 수업이 끝날 때 데리러 오는 모습이 흔합니다. 베트남에서 출세를 하려면 좋은 직장에 들어가야 하고, 이를 위해서는 좋은 대학교를 나와야 하며, 명문대 합격을 위해서는 높은 영어 점수와 수학 점수가 필요합니다.

● 베트남은 자녀교육에 대단히 열정적입니다. 이러한 열기는 부모 세대의 어려움을 자녀에게 대물림하고 싶지 않다는 강한 의지가 깔려 있습니다. 베트남과 같이 교육을 신분 상승의 주요 수단으로 여기는 사회에서 사교육 열풍이 가정 경제에 미치는 영향을 어떻게 바라봐야 할까요? 한국과 비교하여 논의해 보세요.

아오자이는 베트남의 전통미와 단아함을 표현하는 의복으로 재해석되고 있다. (…) 베트남에서는 아오자이를 고등학교나 대학의 교복으로도 입는다. 베트남 남부 붕따우 지역 고등학교에서는 매주 월요일을 '아오자이의 날'로 정해 아오자이를 입는다. (…) 최근 아오자이가 생활에 불편하다는 의견이 늘고 있지만 일주일에 한 번으로 입는 횟수를 절충해 베트남 문화를 이어나가고 있다.

● 아오자이와 같은 전통 의상을 현대의 학교 교복이나 유니폼으로 사용하는 것이 전통 문화를 보존하는 좋은 방법이라고 생각하나

요? 아니면 실용성과 편의성을 더 중시해야 한다고 보나요?

> 베트남은 아시아에서 여성 경제 활동 비율이 높은 국가 중 하나다.
> (…) 이는 전쟁과 역사적 배경으로 여성이 가족을 부양하며 사회에서
> 중요한 역할을 하게 된 데서 기인한다. (…) 여성의 날(10월 20일)에
> 는 가족이나 연인 간에도 특별한 날로 여겨져 꽃과 식사를 통해 기념
> 한다.

● 베트남처럼 여성의 날과 같은 특별한 기념일이 젠더 평등 의식
을 고취하는 데 실질적으로 기여할 수 있을까요? 또는 단순히 상징
적인 행사로 끝날 가능성이 높다고 보나요? 다른 나라와의 사례를
비교하며 논의해 보세요.

●● 베트남전쟁과 같은 역사적 배경이 베트남 여성들의 사회적, 경
제적 역할을 확대하는 계기가 되었습니다. 비슷한 상황에서 다른 국
가나 문화권에서도 이러한 현상이 나타났는지 비교하며, 전쟁이나
위기가 사회적 역할 분담에 어떤 영향을 미치는지 논의해 보세요.

3부
역사로 보는
베트남

"독립과 자유보다 귀중한 것은 없다."

Nothing is more precious than independence and freedom.

- 호찌민 주석

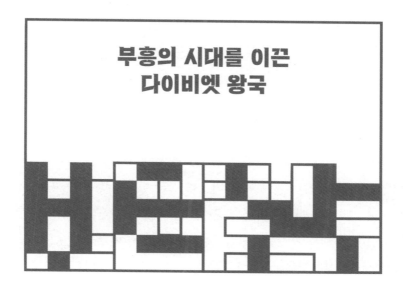

부흥의 시대를 이끈
다이비엣 왕국

응오 왕조 딘 왕조

베트남은 고대 건국 신화 이후 기원전 111년부터 938년까지 중국의 지배를 받았다. 한나라부터 위진 남북조 시대, 수나라, 당나라에 이르기까지 약 1,000년 동안 중국은 베트남에 영향을 미쳤고 베트남은 한자 문화권의 영향을 깊이 받았다.

중국의 한나라 시기인 220년까지 베트남에서는 끊임없는 저항이 이어졌다. 당시 중국은 베트남에서 많은 세금을 수탈하고 진귀한 남방의 물자들을 가져갔다. 이러한 억압에 베트남 사람들은 점점 불만이 쌓였고 독립에 대한 열망이 커져만 갔다. 이런 가운데 하노이 서북쪽 작은 마을에 살던 쫑짝의 남편이 한나라의 태수에 의해 처형당하는 사건이 발생했다. 이에 쯩짝은 동생 쯩니와 함께 민중을 규합해 봉기를 일으켰다.

쯩자매의 민중 봉기는 들불처럼 번져 중국의 지배에 대한 강렬한 독립 의지를 표출했다. 이 봉기는 중국군을 몰아내고 독립 왕국을 세우는 데 성공했지만 기세가 너무 대단해서 한나라는 마원이라는 명장을 토벌군으로 보내어 봉기를 진압했다. 훗날《삼국지》에 나오는 유비군의 장군 마초의 선조가 마원이며, 몇 만의 정규군이 토벌군으로 참가했다고 한다. 비록 3년밖에 안 되는 독립국가였지만 쯩자매를 통해 베트남 여성의 강인함과 중국 지배에 대한 저항의 모습을 볼 수 있다.

중국 당나라 시대인 622년경에는 베트남 지역의 행정 체제가 '안남도호부安南都護府'로 변경되었다. 이는 베트남의 끊임없는 저항으로 중국의 통치력이 약해졌다는 의미로 해석된다. '안남'이라는 명칭은 현재도 베트남 중부 지역을 지칭하는 용어로 사용되며 '남쪽을 평안하게 한다'는 뜻을 담고 있다.

당나라가 멸망한 후 송나라가 건국되기까지 중국은 10개의 정권으로 나뉘어 있었다. 이 시기인 930년 베트남에서는 응오 꾸옌Ngô Quyền, 五權이 봉기를 주도하며 중국에 저항했다. 응오 꾸옌의 상관인 즈엉딘 응에가 베트남 호족 끼예우꽁띠엔에게 죽임을 당했고, 이를 복수하기 위해서 응오 꾸옌이 싸움을 일으켰다. 이에 위협을 느낀 끼예우꽁띠엔은 중국의 10개 정권 중에 하나인 남한南漢에 군사를 요청했고, 이때 약 2만 명의 중국 군사가 파병을 오게 된다. 응오꾸옌은 중국의 수군에 맞서 싸우기 위해 전투 장소를 박당강 하구로 선택했다. 이것이 유명한 '박당강 전투'이다.

박당강*Bach Dang River*은 오늘날 하롱베이만 근처의 강으로 조수 간만의 차가 크며 주변에 숲이 많다. 응오꾸옌은 이러한 지형을 전략적으로 활용하여 숲의 나무를 잘라 배를 가리고 그 주변에 철 말뚝을 박아 두었다. 중국의 수군이 박당강에 도착했을 때 응오꾸옌은 낮은 배를 이용해 중국 수군을 준비해 둔 곳으로 유인했고, 썰물이 빠지는 시점에 공격하여 많은 배를 격파시켰다. 이 전투로 1,000년이 넘는 중국의 지배가 끝나고 응오꾸옌은 939년 베트남 최초의 왕조인 '응오 왕조'를 세우게 된다.

하지만 안타깝게도 응오 왕조는 오래 지속되지 못했다. 왕조를 세운 지 5년 만인 944년 응오꾸옌이 사망했고, 그의 아들은 너무 어려 외삼촌이 왕위를 찬탈했다. 950년 응오꾸옌의 아들은 지방 세력을 동원해 왕위를 되찾았으나 965년을 끝으로 응오 왕조는 역사 속으로 사라졌다. 베트남 최초의 왕조는 이렇게 짧은 역사를 마감했다.

응오 왕조가 몰락한 뒤 베트남 곳곳에서 12명의 장군이 난을 일으켰다. 이러한 혼란은 응오 왕조의 공신이었던 딘보린*Đinh Bộ Lĩnh, 丁部領*에 의해 967년 평정되었다. 백성들의 지지를 얻은 딘보린은 968년에 나라 이름을 '다이꼬비엣*大瞿越*'으로 바꾸고, 수도를 그의 지지 기반이었던 호아르로 정해 '딘 왕조'를 세웠다. 호아르는 현재 하노이에서 남쪽으로 약 95km 떨어진 닌빈 지역에 있다.

딘 왕조의 가장 큰 업적은 중국으로부터 완전히 독립한 국가임을 선언하며 '황제'라는 호칭을 사용한 것이다. 하지만 딘 왕조도 오래 지속되지는 못했다. 반대 세력에 의해 12년 만인 980년 역사 속으로 사라지며 짧은 역사를 마감했다.

하노이에 도읍을 정하고 남진 정책을 펼친 리 왕조

리 왕조는 베트남 역사상 최초로 장기 집권을 한 왕조이다. 정치, 경제, 문화, 학문 등 다방면에서 베트남 역사에 중요한 기반을 닦은 왕조로 평가된다. 리 왕조는 1009~1225년까지 약 217년 동안 9대에 걸쳐 이어졌으며, 베트남의 수도를 북부 닌빈 지역의 호아루*Hoa Lu*에서 현재의 하노이 지역인 탕롱*Thang Long*으로 옮겼다. 탕롱은 '용이 승천한다乘龍'는 뜻으로 1810년 응우옌 왕조가 수도를 중부의 후에로 옮기기 전까지 약 800년간 베트남의 정치적 중심지 역할을 했다.

리 왕조의 태조인 리꽁우언*Lý Công Uẩn, 李公蘊*은 수도를 호아루에서 하노이로 옮겼다. 호아루는 물이 흐르고 지형이 협소해 적으로부터의 방어에는 유리했지만 경제 중심지인 홍강과 거리가 멀어 도시 발전이 쉽지 않았다. 반면 오늘날 하노이인 탕롱은 홍강이 지나가는 지리적 이점 덕분에 물자가 모이고 경제적 번영이 가능하다고 판단되었다.

리 왕조의 2대 왕인 태종*Lý Thái Tông, 李太宗*은 왕권 강화를 위해 다음 왕위를 계승할 왕자를 빠르게 정하는 제도를 만들었다. 이를 통해 왕위 쟁탈로 인한 혼란을 예방하고 장기 집권의 틀을 확립했다. 또한 불교를 적극적으로 수용하여 베트남의 가장 유명한 불교 사찰인 일주사*One Pillar Pagoda*(기둥이 한 개인 사원)를 만들었다.

리 왕조 3대 왕인 성종*Lý Thánh Tông, 李聖宗*은 1054년 베트남의 국호를 '다이꼬비엣*大瞿越*'에서 '다이비엣*大越*'으로 바꾸었다. 베트남*Việt Nam*이라는 이름의 기원이 여기서 유래된다. 또한 성종은 1070년 베트남 최초의 대학인 문묘를 설립하여 학문을 장려하고 과거 시험을 실시해 관리를 선발하는 제도를 마련했다. 이 시기는 리 왕조의 전성기로 평가된다.

리 왕조는 19세기 초까지 남쪽의 경쟁자인 참파*Champa* 왕국과 많은 전쟁을 벌였다. 베트남 중남부에 위치한 참파 왕국은 힌두교를 받아들인 민족이 세운 나라로 베트남의 숙적이었다. 리 왕조는 남진 정책을 통해 후에 위쪽 지역인 동허이*Dong Hoi*까지 영토를 확장했다.

강력한 군사 조직으로 몽골군을 물리친 쩐 왕조

쩐 왕조는 리 왕조를 이어 장기 집권에 성공한 두 번째 왕조로 1225~1400년까지 약 175년 간 지속되었다.

쩐 왕조는 몽골 제국의 침공과 깊은 관련이 있다. 쩐 왕조 1대 왕인 쩐태종Trần Thái Tông, 陳太宗 집권 말기부터 몽골군의 침공을 시작으로 수차례 전쟁을 치렀다. 몽골군의 1차 베트남 침공은 1257년에 이루어졌다. 몽골군은 중국의 남송을 공격하기 위해 사신을 보내 베트남 북쪽 길을 내달라고 했으나 베트남은 이를 거부하고 몽골 사신을 옥에 가두었다. 이에 몽골군은 3만여 명의 병력을 끌고 하노이 지역인 탕롱까지 쳐들어왔다. 하지만 동남아시아의 더운 기후와 전염병 탓에 병력이 약화되었고 쩐군의 반격으로 퇴각하였다.

몽골군의 2차 베트남 침공의 기세는 엄청났다. 1279년 몽골군이 남송을 멸망시키고 중국을 통일했다. 그 후 1285년 약 50만 명의 대군을 이끈 몽골군이 2차 베트남 침공을 감행했다. 참파 왕국 또한 그 피해를 고스란히 받았다. 몽골군은 수도인 탕롱을 함락하면서 쩐 왕조를 멸망 직전까지 몰고 갔다.

이 시기 쩐 왕조의 전쟁 영웅 쩐흥다오Trần Hưng Đạo, 陳興道가 활약했다. 그는 "몽골군에 항복할 것이라면 내 목을 먼저 베라."며 강한 의지를 밝혔다. 탕롱이 함락된 후에도 쩐흥다오는 게릴라전을 이어가며 몽골군을 괴롭혔다. 지속적인 게릴라

● 강력한 군사 조직을 거느려 몽골군을 물리친 쩐흥다오

전과 더운 기후, 전염병으로 몽골군은 결국 퇴각하고 말았다.

1차 2차 베트남 침공이 실패했는데도 몽골군은 1287년 9만여 병력을 동원하여 3차 침공을 시도했다. 이에 쩐흥다오 장군은 현재의 하롱베이에 있는 박당강에 진을 치고 몽골군과의 전투를 준비했다. 앞서 말했듯 박당강은 938년 응오 왕조의 초대 태조가 남한南漢을 상대로 승리한 역사의 현장이다. 쩐흥다오는 몽골군의 보급이 바다를 통해 이루어진다는 점을 간파하고 박당강의 조수 간만의 차를 이용해 공격했다. 즉 강에 나무 말뚝을 설치한 후 낮은 배로 몽골군을 유인해 썰물 때 공격을 감행, 몽골군의 보급로를 차단한 것이다. 보급로를 잃은 몽골군은 더운 기후와 전염병까지 겹치면서 퇴각할 수밖에 없었다.

박당강 전투는 베트남 역사에서 초강대국 몽골군을 상대로 승리한 위대한 사건으로 기록되었다.

세계 최초의 농민 봉기 정부 떠이선 왕조

떠이선 왕조 이전에 레 왕조가 두 시기에 걸쳐 베트남을 지배했다. 레 왕조는 1428~1527년의 첫 번째 시기와 1533~1789년까지의 두 번째 시기로 나뉜다. 그 중간에 막 왕조가 잠시 있었다. 후기 레 왕조의 5대 왕인 성종Thánh Tông은 지방 행정, 군사, 재정 관련 제도를 확립해 내정을 안정시키고 남쪽의 참파 제국과의 전쟁에서 승리해 영토를 확장했다. 덕분에 베트남의 예술과 문학이 번영하였으나 그 번영은 오래 가지 못하고 점차 쇠퇴했다.

18세기에 들어 북부는 후기 레 왕조가 존재했으나 황제는 형식적인 통치자에 불과했고, 중부와 남부에는 16세기부터 후에 지역을 중심으로 반독립 국가인 '응우옌씨 광남국(완씨 광남국)'이 통치했다. 베트남이 남북으로 나뉜 상태였던 것이다.

1771년 관리들의 부패로 농민들이 극심한 어려움을 겪는 가운데 베트남 남부 꾸이년 인근의 떠이선Tây Sơn 출신 3형제(응우옌 반냑, 응우옌 반루, 응우옌 후에)가 농민 반란을 일으켰다.

떠이선 3형제의 농민봉기의 기세는 엄청났다. 농민의 적극적인 지지를 바탕으로 부패한 관리와 권력자들을 몰아내고 약탈한 재산을 농민들에게 분배하겠다는 명분으로 세력을 크게 확장했다. 이들 세력은 북부에서 후기 레 왕조의 실질적인 권력을 장악하고 있던 찐鄭씨 가문의 지원을 받아 남부의 응우옌씨 광남국을 멸망시켰다. 그리고 기세를 몰아 찐씨 정권도 붕괴시키고 베트남의 남북을 통일했다. 떠이선 봉기는 베트남 역사상 가장 큰 농민 봉기로 평가된다.

이어서 떠이선 3형제는 동남아시아 강국이었던 태국과도 싸워 이겼고 중국 청나라 군대와도 싸워서 승리했다. 하지만 넓어진 영토를 떠이선 3형제가 분할 통치하면서 베트남은 국력이 약해졌고, 떠이선 왕조는 30년 만에 몰락하고 말았다.

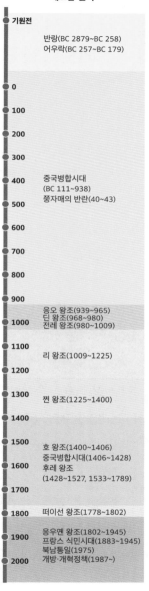

베트남 연혁

기원전

반랑(BC 2879~BC 258)
어우락(BC 257~BC 179)

0
100
200
300

중국병합시대
(BC 111~938)
쯩자매의 반란(40~43)

400
500
600
700
800
900

응오 왕조(939~965)
딘 왕조(968~980)
전레 왕조(980~1009)

1000
1100

리 왕조(1009~1225)

1200
1300

쩐 왕조(1225~1400)

1400
1500

호 왕조(1400~1406)
중국병합시대(1406~1428)
후레 왕조
(1428~1527, 1533~1789)

1600
1700
1800

떠이선 왕조(1778~1802)

1900

응우옌 왕조(1802~1945)
프랑스 식민시대(1883~1945)
북남통일(1975)

2000

개방·개혁정책(1987~)

한국에는 단군왕검 신화, 베트남엔 락롱꾸언과 어우꺼 신화

한국에 단군 신화가 있다면 베트남은 '용왕 락롱꾸언과 어우꺼' 신화가 있다. 아주 옛날 베트남 지역은 '씩뀌국*Xich Quy, 赤鬼國*'이라고 불렸다. 당시 씩뀌국을 다스리던 사람은 끼느엉브엉으로 락롱꾸언의 아버지이자 베트남 초대 흥부엉*Hùng Vương, 雄王*이었다. 끼느엉브엉은 용왕의 딸인 턴롱과 결혼하여 락롱꾸언을 낳았다.

락롱꾸언은 아버지의 뒤를 이어 씩뀌국을 잘 다스리며 농경을 크게 발전시켰다. 나라가 발전하는 모습을 본 락롱꾸언은 한동안 용궁으로 들어가 쉬기로 했다.

하지만 북쪽에서 데라이 황제가 군사를 이끌고 씩뀌국을 정벌하러 온다는 소식을 듣고, 락롱꾸언은 다시 돌아와 데라이 군사와 맞서 싸웠다. 데라이 황제의 죽음으로 이 싸움은 락롱꾸언의 승리로 끝났는데, 이 과정에서 랑롱꾸언은 데라이 황제의 딸인 어우꺼와 사랑이 빠져 결혼까지 하게 되었다.

부부가 된 락롱꾸언과 어우꺼가 아이를 가졌는데 놀랍게도 한 개의 알에서 100명의 아들이 나왔다. 시간이 흐르면서 락롱꾸언은 물에서 사는 것을 더 좋아하게 되었고 어우꺼는 산에서 사는 것을 좋아하게 되어 두 사람은 헤어졌다. 헤어질 때 두 사람은 100명의 아들을 나누어

● 락롱꾸언과 어우꺼 신화

50명의 아들은 락롱꾸언을 따라 용궁으로 갔고, 나머지 50명은 어우꺼를 따라 베트남 북쪽 산속으로 들어가 살게 되었다. 이들이 바로 베트남의 선조가 되었으며 이 이야기가 베트남의 건국 신화가 된다.

어우꺼를 따라갔던 50명의 아들 중 장남이 '흥부엉'이라 불리며 왕위에 올랐다. 이들이 세운 나라 이름이 '반랑국 *Van Lang*'이다. 이후 베트남에서 왕은 '흥브엉'이라 불리며 한자로 '웅왕 *Hùng Vương, 雄王*'이라 표기하였다. '영웅적인 왕'이라는 뜻이다.

베트남은 매년 음력 3월 10일은 '흥왕 기념일'로 정하여 공휴일로 지정하고 국가적으로 선조와 건국신화의 의미를 기리고 있다.

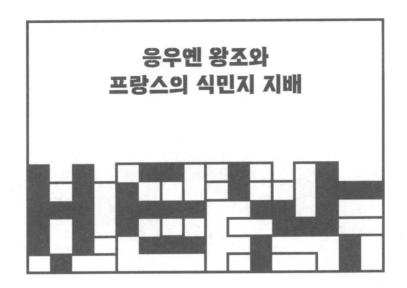

응우옌 왕조와
프랑스의 식민지 지배

응우옌 왕조를 세운 응우옌 푹아인

베트남 최후 왕조인 응우옌 왕조는 1802~1945년까지 존속
했으며 자주적인 통치기(1802~1883년)와 프랑스 보호국이었던
시기(1883~1945)로 나눌 수 있다.

응우옌 왕조의 창시자인 응우옌 푹아인*Nguyễn Phúc Ánh, 阮福
映*은 떠이선 왕조에 의해 멸망한 응우옌 가문의 후손이다. 떠
이선 3형제의 농민봉기로 가문이 몰락했을 때 살아남은 그는
시암(현재 태국)으로 망명하여 군대 지원을 받아 베트남 남부를
탈환했다. 이후 떠이선 왕조와 끊임없이 싸웠지만 초기에는 승
기를 잡지 못했다.

응우엔 푹아인은 떠이선 왕조를 물리치기 위해 외세의 도움을 적극 활용했다. 프랑스 선교사 피뉴드 베엔Pigneau de Behaine의 지원과 태국의 군사력을 바탕으로 1802년 떠이선 왕조를 물리치고 왕위에 오른 것이다. 이로써 베트남의 마지막 왕조인 응우엔 왕조가 탄생했다.

● 응우엔 왕조 자롱 황제

그는 나라의 이름을 '대남大南'으로 바꾸고 자신의 연호를 '자롱嘉隆'이라 했다. 자롱은 자딘Gia Định(현 호찌민)과 탕롱(현 하노이)'에서 한 글자씩 따온 것이다. 수도는 베트남 중부 후에로 옮겨 왕조의 중심을 세웠다.

하지만 그가 황제에 오른 이후 농민들의 삶은 더욱 피폐해지고 지주 중심의 체제가 강화되었다. 오늘날 베트남에서 그에 대한 평가는 다소 부정적이다.

서양 문물을 수용했지만 보수적이었던 민망 황제

응우엔 왕조의 2대 황제인 민망 황제Minh Mạng, 明命는 1820년

● 응우옌 왕조 민망 황제

부터 1841년까지 재위했다. 본명은 응우옌 푹담*Nguyễn Phúc Đảm,* 阮福膽으로 자롱 황제의 아들이다. 민망 황제는 프랑스와의 외교 관계를 통해 서양 문물을 일부 수용했으며 베트남에서 처음으로 증기기관을 도입하고 서양 의술을 받아들였다.

그는 황권 강화를 위해 행정 및 교육 개혁에 힘썼다. 관료의 부정부패를 방지하기 위해 봉급제를 도입하고 유교를 국가 이념으로 삼아 과거 제도를 개선했다. 대외적으로는 캄보디아, 참파, 라오스를 상대로 영토 확장을 추진하며 베트남 최전성기를 이루었다.

하지만 민망 황제는 서구 세력에 대해 점차 보수적인 입장을 취했다. 초기에는 서양 문물을 받아들였지만 프랑스와의 외교 관계를 단절하고 가톨릭 탄압 정책을 시행하여 프랑스 선교사들의 활동을 금지한 것이다. 이러한 정책은 서양 열강과의 긴장 관계를 초래하고 응우옌 왕조의 몰락을 앞당긴 원인이 되었다.

중국의 힘을 빌려 프랑스를 몰아내려 했던 뜨득 황제

응우옌 왕조의 4대 황제인 뜨득 황제*Tự Đức, 嗣德*는 1847년부터 1883년까지 베트남을 통치했다. 그는 서구 세력과의 무역을 거부하고 가톨릭을 강력히 탄압했다. 그의 치세 동안 수만 명의 가톨릭 신자가 학살당했다.

● 응우옌 왕조 뜨득 황제

뜨득 황제가 집권하던 시기는 서양 열강이 아시아 각국에 개항을 요구하던 때였다. 1858년 프랑스는 가톨릭 선교사 학살을 구실로 베트남에 전쟁을 선포했고, 1861년 베트남 남부 지역을 점령했다. 뜨득 황제는 1862년 프랑스에 항복하고 불평등 조약인 '사이공 조약*Treaty of Saigon*'을 체결하여 현재의 호찌민(사이공)과 남부 곡창지대, 다낭 항구 등을 프랑스에 양도했다. 가톨릭 포교의 자유도 허용했다.

프랑스에 항복한 이후에도 뜨득 황제는 청나라에 도움을 요청해 프랑스에 대항했지만 1885년 프랑스가 승리하며 베트남은 프랑스의 보호국이 되었다. 이로써 북부의 통킹, 중부의 안남, 남부의 코친차이나가 프랑스령 인도차이나에 편입되었다.

프랑스령 인도차이나의 형성과 통치

프랑스는 1885년 청나라와의 전쟁에서 승리하며 베트남 전역을 실질적으로 지배했다. 남부의 코친차이나, 중부의 안남, 북부의 통킹을 각각 식민지로 삼고 라오스와 캄보디아까지 합병해 '프랑스령 인도차이나'를 형성했다.

프랑스는 식민 통치를 강화하기 위해 가장 먼저 프랑스어 공용화를 추진하고 라틴 문자를 베트남어 표기하는 '쯔꾸옥응으'를 적극적으로 보급했다. 식민 지배의 일환인 이 정책은 결과적으로 문맹률을 낮추는 데도 기여했다. 또한 식민지 재정 확립을 위해 사람에게 세금을 매기는 인두세와 토지에 세금을 매기는 토지세를 인상했다.

프랑스령 인도차이나 연방은 하나의 정치 체제는 아니지만 재정 부분과 행정 부분만큼은 프랑스 총독의 권한을 강화시켜 프랑스의 보호 아래 두었다. 라오스와 캄보디아에서는 농사가 쉽지 않아 베트남을 식민지 경제의 중심지로 두고 라오스와 캄보디아는 부수적 역할을 하게 했다. 결론적으로 응우옌 왕조는 베트남의 통일과 근대화의 발판을 마련했지만 외세 의존과 내부적 개혁 실패로 프랑스의 식민지로 전락하고 말았다.

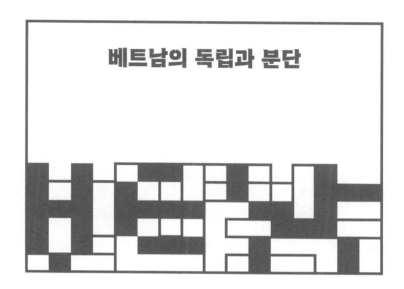

베트남의 독립과 분단

제2차 세계대전과 프랑스령 인도차이나 총독부 폐지

20세기 초반, 1차 세계대전과 2차 세계대전을 중심으로 세계는 큰 변화를 겪었다. 1차 세계대전은 동맹국(오스트리아, 헝가리, 독일)과 협상국(영국, 프랑스 러시아) 간의 전쟁으로 동맹국이 패하면서 끝났다. 이 전쟁으로 인해 독일은 막대한 전쟁 배상금과 영토 상실, 경제적 혼란에 직면하여 정치적 불안이 커졌고 이는 1939년 2차 세계대전의 주요 발발 원인이 된다.

2차 세계대전은 독일, 이탈리아, 일본으로 구성된 주축국과 미국, 영국, 소련, 프랑스 등 연합국 간의 충돌로 확산되었다. 여기서 주목할 점은 프랑스는 주축국과 대치했으나 1940년 독일의 침공으로 항복하며 점령당했고 이로 인해 프랑스의 해외 통치력이 약화했다는 것이다. 이를 틈타 일본이 프랑스령 인도차이나(베트남, 라오스, 캄보디아)에 군대를 주둔하게 되었다.

1940년 일본이 베트남 북부를 점령하면서 프랑스는 실질적인 통제권을 상실하게 된다. 당시 프랑스 비시 정부는 일본의 베트남 자원 착취와 군사적 활동을 사실상 묵인했다. 일본은 베트남의 곡물, 광물 등을 대량 수탈하며 전쟁 자원으로 사용했고 프랑스령 인도차이나 총독부는 유명무실해졌다.

일본의 패망과 프랑스의 남부 베트남 재지배

일본은 1945년 3월부터 8월까지 응우옌 왕조 마지막 황제인 바오다이를 앞세워 '베트남제국越南皇國'이라는 국호를 사용해 베트남을 지배했다. 하지만 1945년 2차 세계대전에서 일본이 패망되면서 베트남에는 새로운 정세가 전개되었다. 다낭이 위치한 북위 16도를 기준으로 북부는 중국 국민당군이, 남부는 영국군이 점령하여 일본군 무장해제를 맡은 것이다.

하지만 당시 영국은 인도와 버마의 독립 문제를 해결하고자 2차 세계대전 시 같은 편이었던 프랑스의 요청에 따라 베트남 남부의 통치권을 다시 프랑스에 넘겼다. 국제 사회의 여론은 안 좋았지만 베트남 남부 통치권을 넘겨받은 프랑스는 폐

위된 바오다이 황제를 앞세워 1949년 '베트남국國家越南'이라는 명목상 독립국을 설립했다. 수도는 사이공(현 호찌민)으로 정했다. 하지만 이 국가는 프랑스의 영향력이 강하게 작용하는 허수아비 정부에 불과했다. 겉으로만 독립국이었던 베트남국은 쉽게 무너졌다.

호찌민의 등장과 베트남 독립 전쟁

베트남의 독립운동은 강경파와 온건파로 나뉜다. 강경파는 프랑스 식민지배의 즉각적인 철폐를, 온건파는 점진적 개혁을 주장했다. 이 시기에 등장한 사람이 호찌민*Hồ Chí Minh*, 胡志明이다. 그는 프랑스, 러시아, 중국 공산당을 거쳐 1930년 인도차이나 공산당을 결성하고 국제 공산

● 베트남의 독립 영웅 호찌민

주의 네트워크와 협력하여 독립운동을 이끌었다.

1941년 호찌민은 베트남 북부에서 '베트남 독립동맹' 즉 베트민을 조직하여 무장투쟁을 본격화했다. 1945년 8월 16일 일본이 패망하자 베트민은 하노이에서 10만 봉기를 주도하며 권

력을 장악했다. 같은 해 9월 2일 호찌민은 바딘광장에서 독립 선언문을 낭독하고 베트남 민주공화국(북베트남)의 수립을 전 세계에 알렸다. 하지만 베트남을 놓칠 수 없던 프랑스는 1년 후 인 1946년, 베트남과 '1차 인도차이나전쟁'으로 맞붙는다. 이 전쟁은 1954년 디엔비엔푸 전투에서 프랑스군이 패하기까지 약 8년간 지속된다.

남과 북으로 갈라진 베트남 분단

1954년 스위스 제네바에서 한국전쟁과 제1차 인도차이나 전쟁 안건들을 해결하기 위한 '제네바 회담'이 열렸다. 1차 인 도차이나전쟁 관련한 안건으로는 북위 17도를 기준으로 베트 남을 분단하고 비무장지대를 만드는 것, 프랑스군은 남쪽으로 이동하고 베트남군은 북쪽으로 철수할 것, 양측은 300일간 인 구 이동을 허용하고 군사력을 증강시키지 않을 것이었다.

제네바 회담 이후 베트남에서는 대규모 인구 이동이 이루 어졌다. 지주, 중산층, 사업가, 가톨릭 관련 사람들은 남쪽으 로, 민간인과 베트민은 북쪽으로 이동했다. 베트남 남부는 미 국의 지원을 받는 친서방 정권이 들어섰고, 북부는 공산주의 체제를 강화해 분단 체제가 고착되었다. 이는 곧 베트남전쟁 (1965~1975년)의 도화선이 되었다.

베트남의 독립 영웅 호찌민

호찌민은 베트남의 독립운동가이자 혁명가로 베트남에서 '호아저씨 *Bác Hồ*'라는 애칭으로 불리며 큰 존경을 받는 인물이다. 1890년 베트남 중부 응에안성에서 태어난 그는 1969년 79세의 나이로 생을 마감하기까지 독립과 통일을 위해 헌신했다. 그의 업적을 기리기 위해 베트남 남부 도시 사이공은 그가 사망한 후 '호찌민'으로 개명되었다.

호찌민은 가난한 유학자 가정에서 태어나 어려서부터 유학과 한문을 익혔다. 아버지 응우옌 싱혈은 유교적 전통을 중시한 학자로 호찌민에게 독서와 배움의 중요성을 강조했다. 프랑스 식민지 시대의 베트남 교육 체계 아래에서 호찌민은 프랑스어를 배우며 서구 문명에도 눈을 떴다. 또 청년기에 프랑스의 식민 지배를 몸소 경험하면서 베트남의 독립에 대한 강한 의지를 갖게 되었다.

호찌민은 1911년 프랑스를 향해 출항한 배에서 견습 요리사로 일하며 세계 여러 나라를 여행했다. 1917년까지 그는 프랑스, 영국, 미국 등을 돌며 노동자로 일하거나 공부를 계속했다. 이 시기 그는 식민주의의 부당함을 인식하며 혁명 사상에 눈을 떴다. 1919년 베르사유 조약 협상에서는 '베트남 민족의 자결권'을 요구하는 편지를 파리 평화회의에 제출했으나 묵살 당했다. 이를 계기로 그는 프랑스 공산당에 가입하여 사회주의와 공산주의 이념을 적극 수용하게 된다.

호찌민은 1920년대 러시아와 중국을 오가며 공산주의 이론을 배우고 활동을 전개했다. 1930년에는 인도차이나 공산당을 창립해 베트남 독립운동의 구심점 역할을 맡았다. 특히 그는 반프랑스 운동 세력과 연계해 무장투쟁을 준비했다. 1941년에는 중국 윈난성에서 '베트남 독립동맹(베트민)'을 결성하고, 베트남 북부로 돌아와 무장 독립운동을 이끌었다.

제2차 세계대전이 진행되는 와중에 일본이 독일에 패한 프랑스를 몰아내고 베트남을 잠시 점령했으나 2차 세계대전에서 패망하여 물러난 후에는 베트민이 1945년 8월 민족해방위원회를 조직하고 하노이에서 권력을 장악했다. 같은 해 9월 2일, 호찌민은 하노이 바딘광장에서 베트남 민주공화국의 독립을 선언하며 초대 주석으로 선출되었다. 그는 미국 독립선언문과 프랑스 인권선언을 인용한 이 선언문에서 독립의 정당성을 역설했다.

호찌민은 생애 내내 검소한 생활로 유명했다. 권력을 가졌음에도 개인적 부를 축적하지 않았고 자신의 삶을 베트남 민중과 나누고자 했다. 또한 그는 오랜 해외 체류 경험으로 프랑스어, 중국어, 영어, 러시아어, 태국어를 비롯한 여러 언어에 능통했다.

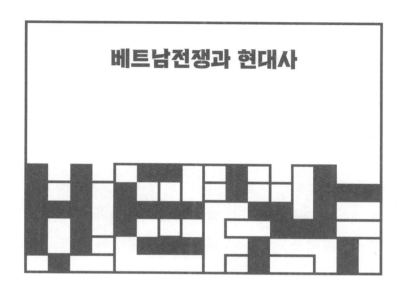

베트남전쟁과 현대사

미국의 남베트남 보호와 응오딘지엠 대통령

남베트남이라 불린 '베트남 공화국越南 共和'은 1955년부터 1975년까지 북위 17도 휴전선 이남에 위치한 국가로 북부의 '베트남 민주공화국越南 民主共和'과 구분된다. 남베트남은 미국의 지원을 받았으며 두 시기로 나뉜다.

초기에는 초대 대통령 응오 딘 지엠Ngô Đinh Diệm, 吳廷琰 이 1955년부터 1963년 암살될 때까지 재임하며 정권을 이끌었다. 젊은 시절 독립운동을 한 응오 딘 지엠은 대통령 취임 후 탈북민 정착 정책으로 두각을 나타냈다. 또한 베트남의 마지막 황제 바오다이를 폐위하여 독립 국가의 정체성을 강조했으며, 미국식 민주주의를 기반으로 농업과 경공업 중심의 경제 개발 정책을 시행했다. 하지만 부패와 정치적 불안정이 지속되었고 무엇보다 토지 개혁의 실패로 농민의 삶은 오히려 힘들어졌다. 소작료 문제로 민심을 잃은 그는 결국 독재자의 길을 걷다가 군부 세력에 의해 암살당했다.

그의 사망 이후 남베트남은 연이은 쿠데타와 정치적 혼란 속에서 정부 기능을 제대로 수행하지 못했다. 1967년 응우옌반티에우*Nguyễn Văn Thiệu*가 대통령으로 취임했지만 부정부패와 무능력한 행정은 여전했다. 미국의 막대한 지원에도 상황은 나아지지 않았고 내부 파벌 싸움과 베트남전쟁이 겹치면서 남베트남은 쇠퇴의 길을 걷게 된다.

남베트남 민족해방전선의 게릴라 부대 베트콩

남베트남의 토지 개혁은 소작료를 개선하는 수준이었다. 원칙은 농민이 일정한 땅을 보유하도록 하는 것이었으나 개혁 이전에 땅을 많이 가지고 있던 대주주들은 여전히 농민에게 땅을 빌려 주고 소작료를 받았다. 이에 남베트남 정부는 대지주의 소작제도를 인정하고 소작료를 최대 25%로 규제했지만 일부 지역은 1차 인도차이나전쟁 시기보다도 높게 받았고 부정부패가 만연해 소작료 상한선이 지켜지기는커녕 농민의 삶은 오히려 후퇴했다.

이는 공산주의 게릴라 조직인 '베트콩越共'이라 불리던 '남베트남 민족해방전선(남베트남 민족해방군 또는 베트남 공산주의자)'을 끌어들이는 계기가 되었다. '베트남 공산주의자'의 앞 글자만을 불러 '베트콩'으로 불린 이들은 북베트남의 지원을 받아 남베트남 정부를 전복하려는 무장 게릴라 단체로 1960년대부터 베트남 통일까지 활동했다. 주로 삿갓을 쓰고 소총을 들고 숲에 숨어서 활동했으며 과도한 소작료로 고통 받던 농민들의 지지를 얻어 세력을 확장했다. 이는 남베트남 정부가 내부와 외부에서 동시에 전쟁을 치러야 하는 상황을 초래했고 결국 베트남전쟁에서 패배한 주요 원인 중 하나가 되었다.

참고로 베트민과 베트콩은 다른 세력이다. 베트민은 프랑스와의 독립 전쟁(1차 인도차이나전쟁)을 위해 결성한 조직이고, 베트콩은 남베트남 정권을 무너트리기 위해 조직된 단체이다.

통킹만 사건과 미군의 참전 (2차 인도차이나전쟁)

1차 인도차이나전쟁(1946~1954년)의 승리로 베트남은 독립되었지만 남과 북으로 나뉜 분단국가가 되었다. 이어서 벌어진 2차 인도차이나전쟁(1955~1975년), 즉 '베트남전쟁'은 남베트남과 북베트남의 충돌로 시작되었고 1960년대 미국이 참전하자 국제전으로 확전되었다.

전쟁의 전환점은 1964년 8월 2일 발생한 통킹만 사건이다. 통킹만에서 북베트남 어뢰정 세 척이 미 해군 구축함을 남베트남 해군으로 착각해 선제공격했다며 미국이 본격적으로 베트남전쟁에 개입한 것이다. 북베트남의 선제공격이 사실인지에 대한 진위 여부는 현재까지 밝혀지진 않았다. 다만 당시 미국은 이를 근거로 1965년부터 약 3년간 대규모 융단 폭격 작전인 '롤링 썬더 작전Rolling Thunder Operation'을 개시하며 북베트남의 주요 전략 거점을 공격했다.

이후 북베트남이 공군 비행장을 공격하자 미군은 공군 기지 방어를 빌미로 지상군을 파병하며 군사적 개입을 확대했다. 초기 미국 여론은 압도적으로 파병을 지지하는 분위기였고 파병 지원자도 20만 명이나 되었다. 그럼에도 북베트남은 "미군이 싸우고자 하면 싸울 것이고 화해를 원할 시에는 화해를 할 것이다."라고 의견을 전달했다. 미군 파병이 늘어날수록 남베트남에는 엄청난 물자가 쌓였고 이러한 사항은 아이러니하게도 남베트남의 부정부패를 가속화하는 상황으로 만들었다.

하지만 이러한 막대한 군사력에도 불구하고 1968년 1월 30일 설날(구정)에 발생한 북베트남의 대규모 기습 공격인 '구정 대공세Tet Offensive'로 전세가 역전된다. 북베트남이 100여 개 도시를 동시 타격한 이 공세로 남베트남의 기반 시설은 대부분 파괴되고 미 대사관 또한 함락되었다. 미군은 충격에 휩

싸웠다. 미국 내 반전 여론은 급증했다. 결국 베트남전쟁은 미국과 남베트남의 패배로 끝났고 1975년 베트남은 통일되었다.

북베트남의 게릴라전, 꾸찌 땅굴

꾸찌 땅굴은 1차 인도차이나전쟁에 만들어진 통로로 베트남전쟁이 일어나면서 그 규모가 더욱 확장되어 나중에는 많은 사람이 생활할 수 있을 정도로 커졌다. 현재는 호찌민에서 북서쪽으로 약 50km 정도 떨어진 곳에 120km 정도의 규모가 남아 있다.

꾸찌 땅굴은 '남베트남 민족해방군(베트콩)'이 미군과의 전투에서 주로 사용했던 은신처이자 전술 거점이었다. 게릴라 전술의 핵심 기지였던 꾸찌 땅굴은 입구를 찾기 어렵도록 설계되었다. 수풀과 낙엽으로 위장해 입구를 식별하기 힘들게 했고 통로가 좁아 덩치가 큰 외국인은 들어가기 어려웠다.

현재 꾸찌 땅굴은 관광객이 견학할 수 있는 장소로 개방되어 있다. 내부는 성인이 서서 걸을 수 없을 정도로 낮고 좁으며 길을 잃고 헤매기 쉬운 구조다. 땅굴 내부로 더 들어가면 병원, 회의실, 식당 등 다양한 생활 시설이 마련되어 있다.

땅굴 입구와 주변에는 대나무 창으로 만든 함정인 부비트랩 *boobytrap*이 설치되어 있다. 부비트랩을 밟을 경우 다리를 다치

● 꾸찌 땅굴

거나 독에 중독될 수 있다. 이 함정은 미군과 남베트남군에게 심리적 공포와 실제적인 피해를 동시에 안겼다. 밤이 되면 게릴라들이 숲 속에서 몰래 기습 공격을 감행했기 때문에 숲에서의 전투는 남베트남군과 미군에게 매우 고된 싸움이었을 것이다. 꾸찌 동굴은 베트콩의 끈질긴 저항과 독창적인 게릴라 전술을 보여주는 유적지로 평가받고 있다.

출구 전략의 유래

뉴스를 보다 보면 '출구 전략Exit Strategy'이란 말이 종종 등장한다. 출구 전략은 '좋지 못한 상황에서 벗어나는 방법이나 전략'이란 뜻으로 주로 경제 정책이나 기업의 경영 위기 상황에서 사용된다. 예를 들어 경제위기가 발생했을 때 금리를 인하하여 과잉 공급된 통화를 국가가 환수하는 경제 전략도 '출구 전략'이라 할 수 있다. 위기에 처한 기업이 경제적 손실을 최소화하기 위해 자산을 매각하거나 지분을 판매하는 것도 출구 전략에 해당한다.

이 용어의 기원은 베트남과 전쟁 당시 미 국방부에서 처음 사용된 것으로 알려져 있다. 전쟁으로 군사비와 사상자가 급증하면서 손실이 심각해지자 미국은 군대를 철수시키는 전략을 수립했다. 이 과정에서 '출구 전략'이라는 용어가 쓰였고 이후 전쟁에서 군인과 자원을 철수시키는 전략으로 이 용어가 확산되었다.

미군의 철수와 북베트남의 남북통일

구정 대공세 이후 1969년 리처드 밀하우스 닉슨Richard Milhous Nixon이 제37대 미국 대통령에 당선되면서 베트남전쟁의 양상은 변화하기 시작했다. 1969년 닉슨은 '닉슨 독트린 Nixon Doctrine'을 발표하며 "미국은 태평양 지역에서 중요한 역할을 계속하지만 직접적이고 군사적, 정치적 과잉 개입은 지양하며, 경제적 원조를 통해 지원한다."는 새로운 외교 정책을 제시했다. 이로써 미군은 베트남에서 철군하기 시작했다.

1973년 1월 27일, 파리에서 '베트남 평화 협정Vietnam Piece Agreement(일명 파리 평화 협정)'이 체결되었다. 이 협정은 북베트남, 남베트남, 미국이 베트남의 독립, 주권, 통일성, 영토를 인정한다는 내용을 담고 있다. 이 협정에 따라 미군은 1973년 3월 29일까지 남베트남에서 완전히 철수했다.

하지만 베트남 평화 협정 이후에도 북베트남과 남베트남의 전쟁은 끝나지 않았다. 1975년 3월 북베트남은 중부 고원 지역을 공격하여 부온마투옷을 점령했다. 이어서 후에와 다낭을 점령하며 중부 지역을 손에 넣었다. 북베트남은 우기의 시작되기 전인 1975년 5월 이전에 남베트남의 수도인 사이공(현 호찌민)을 공격하기로 했다. 마침 4월 말 남베트남의 군사 조직이 붕괴되었고 4월 30일 북베트남의 탱크가 호찌민 대통령궁의 철문을 부수고 들어가며 베트남전쟁은 북베트남의 승리로 끝이 났다. 남과 북으로 나뉘었던 베트남은 1975년 통일되었다.

베트남의 개혁 개방, 도이머이 정책

'도이머이 정책'은 베트남에서 경제 개혁과 개방을 뜻하는 정책이다. 도이Đổi는 '변화'를, 머이mới는 '새로운'을 의미하므로 도이머이는 '새롭게 변화한다'를 뜻한다. 한국어로는 '쇄신

Renovation 정책'이라고 불린다. 1986년에 베트남 공산당 6차 전당대회에서 발표된 이 정책의 핵심은 경제 개혁과 개방을 통해 베트남을 발전시키고 시장 경제로의 전환을 촉진하는 것이다.

1975년 남북통일 이후, 베트남의 경제 상황은 매우 좋지 않았다. 당시 베트남은 국가 소유의 기업이 전체 기업의 72%를 차지했고, 집단 산업이 25%, 개인 소유의 기업은 2%에 불과했다. 생산 과정과 소득 분배는 전적으로 국가의 통제 아래 있었고 사람들은 급여와 함께 생필품을 배급받는 방식으로 생활했다. 이러한 체제에서는 경제성장에 한계가 있다. 하여 베트남 정부는 이를 해결하기 위해 도이머이 정책을 내놓았다.

우선 1981년 농업, 임업, 어업 분야에서 생산량을 증가시키기 위한 정책을 펼쳤다. 목표 생산량을 초과하는 잉여분을 국가에 팔거나 자유롭게 유통시킬 수 있도록 허용한 것이다. 이는 사회주의 경제 체제에 자유 경제 요소를 도입한 혁신적인 조치였다. 이에 따라 개인은 생산량을 높이기 위해 더 열심히 일했고 식량 생산량은 급격히 증가했다. 또한 베트남 정부는 산업 분야에서도 개혁을 추진했다. 이전에는 국가 계획에 따라 생산이 이루어졌지만 이후 공장들이 자율적으로 생산 및 운영 계획을 수립하도록 유도한 것이다.

이 두 가지 정책은 시장 경제 체제에 맞춰 경제를 점차 자율적으로 발전시킬 수 있는 기반을 마련했다. 1985년부터는 기존의 배급 시스템과 가격 보조, 쿠폰 시스템을 폐지하고 화폐

교환 시스템으로 전환했다.

1986년 6차 전국대회에서는 도이머이 정책을 공식 발표하며 베트남 경제의 대대적인 혁신을 시작했다. 첫째, 중앙 계획 경제를 폐지하고 시장 경제 체제로의 전환을 이루었다. 둘째, 국가 관리 시스템을 전면 개혁하여 새로운 경제 체제에 맞는 관리 체계를 도입했다. 이러한 변화에 초기에는 위기를 겪었지만 베트남 경제는 점차 발전을 거듭하여 현대화와 산업화를 위한 기초를 마련하게 되었다.

1990년대부터 베트남 정부는 여러 국가와 양자 무역 협정을 체결하기 시작했고, 2001년에는 미국과도 무역 협정을 체결하며 급속한 경제성장을 끌어냈다. 그 결과 베트남은 세계에서 주목받는 경제성장 국가 중 하나가 되었다.

오바마 대통령의 쌀국수 외교
오바마 분짜

2016년 5월 외신에 한 장의 사진이 큰 화제를 모았다. 버락 오바마 미 대통령이 베트남 하노이의 분짜 집에서 요리사 앤서니 보딘과 낮은 플라스틱 의자에 앉아 분짜를 먹으며 맥주를 마시는 모

● 하노이 분짜를 먹는 오바마 전 미국 대통령

습이었다. 한 나라의 대통령이 하노이의 먹자골목에서 요리사와 베트남 음식을 즐기는 모습은 현지 문화를 소탈하게 즐기는 대통령처럼 느껴지게 했다. 참고로 분짜는 하노이의 대표 음식으로 숯불 돼지 구이와 달콤한 소스에 쌀국수를 적셔 먹는 요리이다.

미국 오바마 대통령의 하노이 방문은 베트남전쟁 종전 이후 이루어진 미국 대통령의 세 번째 방문이다. 2000년 빌 클린턴 대통령이 호찌민을 다녀갔고, 2007년 조지 W. 부시 대통령이 베트남을 방문했다. 종전 이후 베트남과 미국은 외교, 정치, 경제에서 포괄적인 파트너가 되기 위한 관계를 구축하며 협력을 이어오고 있다..

함께 생각하고 토론하기

전쟁 상황에서 군사비와 사상자의 증가로 손실이 심각해진 미국은 이를 최소화하기 위해 군대를 철수시키면서 '출구 전략'이라는 용어를 사용하였습니다. 하지만 이 결정은 개입했던 국가가 자국의 이익을 우선시하는 결정으로 비춰질 수도 있습니다.

● 전쟁에서 출구 전략은 국가의 이익을 보호하기 위한 필연적인 선택인가요, 아니면 개입했던 국가가 국제적 책임을 회피하는 이기적인 행위인가요? 국가의 역할과 국제사회의 책임에 대해 논의해 보세요.

도이머이는 '새롭게 변화한다'는 뜻이며 베트남에서 '도이머이 정책'은 경제개혁개방 정책을 뜻합니다. 이 정책을 바탕으로 베트남은 1980년대 후반에 사회주의 체제를 유지하면서도 시장 경제를 도입해 경제 성장을 이루는 데 성공했습니다. 하지만 경제 개방이 심화되면서 도시와 농촌 간, 빈부 간의 격차도 커졌다는 비판이 있습니다.

● 사회주의 체제와 시장 경제는 공존할 수 있는 모델인가요, 아니면 필연적으로 충돌할 수밖에 없나요? 베트남의 사례를 바탕으로 이 모델의 가능성과 한계를 논의해 보세요.

●● 경제 성장을 추구하는 과정에서 발생하는 사회적 불평등을 어떻게 완화할 수 있을까요? 경제 개혁 정책에서 성장과 분배 중 무엇을 우선시해야 하는지 논의해 보세요.

4부

문화로 보는
베트남

"지금은 쓸모없어 보이는 땅도 가벼이 여기지 마라.

언젠가는 황금빛이 가득할 것이다."

Do not take lightly the land that now seems useless.

Someday it will be full of gold.

– 베트남 속담

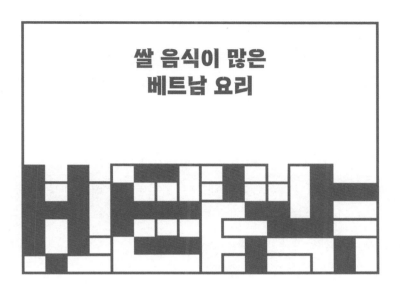

쌀 음식이 많은
베트남 요리

지역별 베트남 요리 특징

　베트남 요리는 채소를 많이 사용하며 기름지지 않고 담백하다. 또한 베트남에서 생산된 액젓, 후추, 향신료를 사용해 독특한 풍미를 더한다. 쌀 생산이 풍부한 덕분에 베트남에는 쌀과 연관된 요리가 많다. 베트남의 긴 지형적 특성 때문에 북부, 중부, 남부 지역별로 특색 있게 음식 문화가 발달했다.

　베트남 북부 요리는 민물 수산물과 소고기를 활용한 음식이 많으며 지나치게 맵지도 달지도 않고 담백하다. 또한 북부 사람들의 검소한 생활 방식이 반영된 슴슴한 맛의 요리가 많다. 하노이 스타일 쌀국수*Phở Hà Nội*, 하노이 분짜*Bún Chả Hà Nội*, 짜까라봉*Chả Cá Lã Vọng*이 대표적이다.

하노이 쌀국수는 뼈로 끓인 육수에 쌀로 만든 국수를 넣고 얇게 저민 소고기를 얹는다. 기호에 따라 바질, 고추, 마늘, 라임을 곁들어 먹는다. 하노이 분짜는 숯불에 구운 소고기와 쌀국수를 새콤달콤한 소스에 적셔 바질, 상추 등 생야채와 함께 먹는다. 쌀로 만든 국수를 별도의 접시에 덜어주고 구운 소고기, 양념장, 생야채를 따로 내준다. 짜까라봉은 베트남 북부를 지나가는 홍강의 민물 생선을 튀긴 뒤 쌀국수에 곁들여 먹는 요리로 가물치나 메기를 사용한다.

베트남 중부 요리는 옛 수도인 후에가 있어서인지 궁중 요리의 영향을 받은 화려하고 풍미 강한 음식이 많다. 미꽝*Mì Quảng*, 분보 후에*Bún Bò Huế*, 반 베오*Bánh Bèo*가 대표적이다. 미꽝은 다낭과 호이안을 대표하는 비빔국수로 노란 면에 각종 양념과 땅콩, 돼지고기, 새우를 비벼 먹는다. 분보 후에는 매콤한 국물에 소고기, 돼지고기, 도가니, 내장이 들어간 국수 요리다. 반 베오는 작은 접시에 찐 쌀떡을 깔고 그 위에 새우를 올린 요리로 한 입 크기의 전채 요리로 제공된다.

베트남 남부는 상업의 중심지로 각종 재료와 향신료를 쉽게 얻을 수 있고 해산물이 풍부해서 베트남에서도 가장 화려한 요리에 속한다. 대표 요리로는 라우맘*Lẩu Mắm*, 껌땀 사이공 *Cơm Tấm Sài Gòn*, 반미*Bánh Mì*가 있다. 라우맘은 해산물과 돼지고기, 각종 야채를 넣어 끓이는 남부 대표 전골 요리이다. 껌땀은 밥 위에 숯불 돼지고기, 계란 프라이, 야채를 얹고 액젓 소스를 뿌려 먹는다. 반미는 바삭한 쌀 바게트에 고기, 계란 프라이, 버터, 오이, 양파, 당근 등을 넣어 많든 베트남식 샌드위치로 간편하게 즐기기 좋다.

베트남 쌀국수 퍼

베트남 음식 중 가장 유명한 것을 꼽자면 단연 쌀국수다. 쌀국수는 베트남 전역에서 사랑받는 국민 음식으로 집 앞 노점에서 간단히 아침 식사로 즐기기에도 좋다. 특히 하노이

● 베트남 쌀국수 퍼

스타일이 유명해서 쌀국수를 '퍼*Pho*'라고 부르기보다는 '퍼 하노이*Pho Hanoi*'라고 부르는 경우가 많다.

쌀국수 면을 만드는 데는 정성이 많이 들어간다. 쌀가루를 물에 풀어 넓은 판 위에 얇게 펼친 뒤 쪄서 떼어낸 뒤 이를 건조시키고 얇게 썰면 우리가 흔히 보는 쌀국수 면이 완성된다.

쌀국수에서 중요한 요소는 육수다. 소나 닭의 뼈에 고기, 양파, 생강 등의 재료를 넣고 오랜 시간 끓인 육수는 깊고 진한

● 쌀국수 면을 만드는 과정

맛을 낸다. 넓고 부드러운 쌀국수 면을 데쳐 육수에 넣고 얇게
저민 소고기와 허브, 라임, 고추, 얇게 썬 마늘을 곁들이면 한
그릇의 쌀국수가 완성된다.

하노이 쌀국수는 국물이 맑고 깔끔한 것이 특징이다. 고명
은 비교적 간단하지만 담백하고 개운한 국물 덕분에 아침 식사
로 적합하다. 속이 편안해지는 따뜻한 쌀국수 한 그릇이면 하
루를 시작하기에 충분하다.

베트남에서 쌀국수를 맛있게 즐길 수 있도록 주문에 필요한
몇 가지 베트남어를 익혀보자. 현지에서 생생한 경험과 맛있는
쌀국수를 즐길 수 있을 것이다.

의미	베트남어	의미	베트남어
쌀국수	퍼*Pho*	베트남식 소면	분*Bun*
남부 베트남식 당면	후 띠에우 *Hu Tieu*	중국식 당면	미*Mi*
닭고기	가*Ga*	완전히 익힌	친*Chin*
소고기	보*Bo*	레어	타이*Tai*
돼지고기	헤오*Heo*	마늘	또이*Toi*
새우	똠*Tom*	라임	짠따이 *Chanh Tay*
모듬	닥 비엣 *Dat Viet*	고수	라우 무엉 *Rau Muong*

쌀 빵으로 만든 베트남식 샌드위치 반미

베트남 길거리 음식 중 많이 볼 수 있는 하나가 반미*Banh Mi*이다. 베트남어로 반*Banh*은 '빵'을, 미*Mi*는 '밀가루'를 뜻하므로 '밀가루로 만든 빵'이라는 의미이다. 또 다른 설로 프랑스

● 베트남식 샌드위치 반미

어로 식빵을 뜻하는 '빵드미*Pain de mie*'가 베트남어 발음으로 '반미*Banh Mi*'가 되었다는 이야기도 있다.

반미는 여러 변화를 겪으며 지금의 모습에 이르게 되었다. 시초는 프랑스 식민지 시절 바게트를 만들면서 시작되었다. 당시 빵을 만드는 사람이 프랑스인에서 베트남인으로 바뀌면서 길고 큰 프랑스 바게트이 점차 작아져 30㎝ 정도 크기의 빵이 된 것이다. 빵의 길이도 변했지만 가장 큰 변화는 1차 세계대전 이후 밀가루 수입이 어려워지면서 쌀가루로 빵을 만들기 시작하면서 반미 특유의 바삭한 식감이 탄생했다는 데 있다. 아이러니하게도 '밀가루로 만든 빵'이라는 뜻을 가진 반미가 오늘날에는 '쌀가루로 만든 빵'이 된 것이다.

반미는 바삭한 바게트 안에 각종 고기와 야채를 넣어 샌드위치처럼 만든다. 돼지고기, 닭고기, 햄, 어묵, 계란, 절인 야채, 오이, 양파, 다양한 소스가 조화를 이루면서 한 끼 식사로 손색이 없다. 반미는 종류가 많지만 크게 네 가지로 나눌 수 있다.

- **반미팃**<i>Banh Mi Thit</i>: 다양한 햄과 고기가 들어간 가장 보편적인 반미다.
- **반미옵라**<i>Banh Mi Op La</i>: 계란과 간장, 후추로 맛을 냈으며 어디서나 볼 수 있다.
- **반미차오**<i>Banh Mi Chao</i>: 조그만 프라이팬에 계란과 소시지, 햄 등을 구워 빵과 야채를 따로 제공하는 형태로 아침 정찬 같은 느낌을 준다.
- **반미파테**<i>Banh Mi Pate</i>: 반미 안에 파테를 발라 넣은 것으로 프랑

스 요리에서 유래했다. 파테는 고기와 간을 갈아 열에 익혀 만든 보존식으로 바게트에 발라 먹는 재료로 사용된다. 베트남에서도 간단히 반미에 파테를 바르고 야채를 얹어 제공한다.

깨진 쌀로 만드는 베트남 정식 껌땀

베트남에는 쌀로 만든 요리가 많지만 든든한 한 끼 식사를 원한다면 껌땀Com Tam을 추천한다. 고급 레스토랑에서도 판매하지만 길거리에서 간단히 먹기 좋은 대중적인 음식이기도 하다. 베트남어로 껌Com은 '밥'을, 땀Tam은 '깨진 쌀'을 뜻해 '깨진 쌀로 만든 밥'이라는 의미이다.

"멀쩡한 쌀을 두고 왜 깨진 쌀을 가지고 밥을 지을까?"라는 의문이 들 수 있다. 과거 베트남에서는 도정을 하는 과정에서 나오는 깨진 쌀을 품질이 낮다고 여겨 저렴하게 판매했고, 깨진 쌀로 밥을 짓더라도 맛에는 큰 차이가 없기 때문에 베트남 사람들은 경제적인 이유로 깨진 쌀로 밥을 지어 먹었다.

껌땀은 깨진 쌀로 지은 밥 위에 숯불로 구운 돼지갈비, 고기를 넣은 계란 찜, 계란프라이, 무와 당근으로 만든 피클, 얇게 썬 오이, 느억맘, 파기름 등 다양한 반찬을 얹어 내준다. 숯불 돼지갈비와 파기름이 섞인 껌땀은 충분히 맛있고 든든한 한 끼 식사가 된다. 돼지갈비를 추가해 먹는 경우도 있다.

● 깨진 쌀로 만든 베트남 정식, 껌땀

껌땀의 역사를 살펴보면 처음에는 그저 밥 위에 느억맘을 뿌려 먹던 간단한 음식이었다. 저렴한 깨진 쌀로 밥을 해 먹는데 반찬이 화려할 리 있겠는가. 이후 베트남이 경제적으로 발전하면서 나물과 야채가 추가되었고 돼지고기와 계란까지 올려 먹는 방식으로 발전했다. 최근에는 무와 당근으로 만든 피클과 계란프라이까지 더해져 호화로운 껌땀이 탄생했다. 오늘날에는 껌땀의 인기가 높아지면서 일부러 쌀을 깨서 껌땀용 밥을 만드는 경우도 있다.

젓가락을 뒤집어 음식을 덜어주는 식사 예절

식사 예절을 알면 현지 문화를 존중할 수 있을 뿐만 아니라 좋은 인상을 남길 수 있다.

먼저, 베트남에서는 탕이나 찌개 같은 공용 음식을 먹을 때 반드시 각자의 그릇에 덜어 먹는다. 국물 음식은 보통 큰 숟가락으로 덜어낸다. 덜어먹는 음식은 여분의 젓가락이 있으면 그걸 사용하고, 없으면 자신의 젓가락을 뒤집어 입이 닿지 않은 쪽으로 음식을 집는다. 상대에게 음식을 권할 때도 같은 방법을 사용한다.

둘째, 베트남 식당에서는 접시와 밥그릇이 포개져 세팅되는 경우가 많다. 접시 위에는 보통 국물을 떠먹는 큰 숟가락이 놓여 있다. 국물을 마실 때는 그릇을 들어 마시지 않고 숟가락을 사용해 먹는다. 밥그릇과 접시는 가급적 포개어 사용하고 뼈나 껍질처럼 버릴 것은 접시 위에 놓는다. 시골에서는 바닥에 버리기도 하지만 요즘은 그런 경우를 보기 어렵다.

셋째, 숟가락은 국이나 찌개를 먹을 때만 사용하고 밥은 젓가락으로 먹는다. 식사를 마친 후에는 젓가락을 밥 그릇 위에 가지런히 올려놓는다. 식사가 끝났다는 표시다.

마지막으로, 베트남 식당에서 식탁 위에 놓인 물수건은 대부분 유료다. 물이나 음료수도 유료인 경우가 많다. 포장된 땅콩과 과자 같은 간식도 대부분 유료이므로 먹지 않을 거라면 그대로 두는 것이 좋다.

베트남 사람들의 과일 깎는 법

한국에서는 칼날을 몸 쪽으로 두고 과일을 돌려서 깎는다. 오른손잡이 기준일 때는 왼손이 있는 방향으로 깎는다. 하지만 베트남인 사람들은 칼날을 몸 밖으로 향하게 두고 깎는다. 한국과 반대 방향으로 과일을 깎는 모습이 꽤 신기하다.

꼭 먹어봐야 할 베트남 음식

음식	설명
퍼*Phở* (베트남 쌀국수)	소뼈와 닭뼈로 육수를 내어 만든 쌀국수. 길거리 어디에서든 쉽게 볼 수 있으며 아침식사와 야식으로 즐겨 먹는다.
분 보 후에*Bún bò Huế* (후에 스타일 쌀국수)	소고기와 돼지고기를 넣어 빨간 국물로 만든 쌀국수
분짜*Bún chả* (숯불 돼지구이 쌀국수)	숯불 돼지갈비와 달콤한 소스에 쌀국수를 적셔 먹는 음식
반미*Bánh mì* (베트남식 샌드위치)	바삭한 쌀로 만든 바게트 빵에 각종 고기와 계란, 햄, 절인 야채, 소스를 넣어 만든 샌드위치
반짱 느엉 *Bánh tráng nướng* (구운 라이스 페이퍼)	쌀로 만든 페이퍼에 계란, 소시지 및 토핑을 넣어 화로에 구운 베트남식 피자
짜조*(Chả giò* (베트남식 튀김)	쌀로 만든 페이퍼에 돼지고기, 게살, 당면, 당근을 넣어 말아낸 뒤 기름에 튀긴 음식. 페이퍼를 말아 붙일 때 계란을 사용한다.
고이 꾸온*Gỏi cuốn* (베트남식 스프링롤)	쌀로 만든 페이퍼를 물에 적셔 새우, 오이, 바질 등을 말아서 싼 음식. 새콤달콤한 소스에 찍어 먹는다. 한국에서는 월남쌈으로 불린다.
반 쎄오*Bánh xèo* (베트남식 해물파전)	쌀가루 반죽에 각종 채소와 해산물을 넣고 반달 모양으로 부쳐낸 음식. 반쎄오를 잘라 쌈을 싸서 소스에 찍어 먹는다.
반 콧*Bánh Khọt* (작은 크기의 반쎄오)	동그란 틀에 기름을 두르고 쌀가루 반죽을 넣은 다음 해산물을 넣어 튀긴 음식
신또*Sinh tố* (베트남식 스무디)	베트남 생과일 주스. 과일에 얼음과 연유를 넣어 만든다. 각종 열대과일로 만들어 종류가 많다.
쓰아 밥*Sữa bắp* (옥수수 우유)	노란색 빛깔의 옥수수 맛 우유

베트남 요리의 필수 소스
생선액젓 느억맘

'느억맘^{Nước Mắm}'은 베트남 요리에 빠질 수 없는 소스로 요리에 풍미를 더한다. 느억맘은 베트남어로 '액젓'을 의미한다. 베트남에서는 생선을 이용해 만들지만 게를 이용해 만드는 경우도 있다.

느억맘은 커다란 목재 통에 소금을 넣고 생선을 층층이 쌓아 올린 뒤 물을 부어 최소 6개월에서 1년 정도 발효시키는 방식으로 만드는데, 이 과정을 거치면 옅고 투명한 갈색의 액체가 만들어진다. 생선은 주로 새끼손가

● 느억맘 제조 과정

락보다 작은 멸치를 사용한다. 발효가 진행되면 뼈까지 모두 녹아든다.

느억맘은 조미료로 사용되기도 하고 찍어 먹는 소스로도 활용된다. 특히 찍어 먹는 소스는 느억맘에 설탕과 레몬을 넣고 다진 마늘과 고추를 섞어 만든다. 이 소스는 베트남식 튀김요리인 짜조와 환상적으로 어울린다. 또한 쌀국수에 느억맘을 조금 넣으면 국물의 감칠맛이 깊어지고 튀긴 닭날개에 느억맘을 뿌리면 새콤달콤한 닭요리가 된다.

열대 과일의 천국

열대 기후에 속하는 베트남에서는 망고스틴, 코코넛, 리치, 용과, 패션후르츠, 람부탄, 롱안, 구아바, 잭프룻, 파파야, 두리안 등 신선하고도 저렴한 열대 과일을 1년 내내 즐길 수 있다. 1~3월에는 잭프룻이 제철이다. 과일이 가장 풍성한 4~6월에는 망고, 망고스틴, 리치, 패션 후르츠, 람부탄, 두리안 등이 제철이다. 7~9월에는 아보카도와 자두가 주로 출하된다. 10~12월에는 롱안이 나온다. 1년 내내 만날 수 있는 과일로는 바나나, 수박, 코코넛, 구아바, 파파야, 용과 등이 있다.

베트남에서 꼭 맛볼 과일을 꼽으라면 리치, 람부탄, 롱안, 용과를 추천한다. 리치*Lychee*는 붉은 껍질을 가진 과일로 껍질을 벗기면 달콤새콤한 하얀 과육이 드러난다. 한국에서는 냉동 리치가 수입되는 터라 과즙을 온전히 느끼기 어려우므로 베트남에 간다면 꼭 맛보도록 하자. 리치는 피부 미용과 소화에도 효과가 있다. 베트남 북부 박장성*Bac Giang Province*이 주요 생산지다.

람부탄*Rambutan*은 '털이 있는 열매'라는 뜻의 말레이시아어에서 유래되었다. 털이 난 붉은 껍질을 가졌으며 리치와 마찬가지로 껍질을 벗기면 하얀 과육이 나온다. 씨앗은 버리고 먹는다. 달콤한 맛과 독특한 외관으로 현지인과 관광객 모두에게 인기가 많다.

● (순서대로) 두리안, 리치, 망고스틴과 람부탄, 패션 후르츠

'용의 눈'이라는 뜻을 가진 롱안*Long An*은 갈색 껍질을 가진 탁구공 크기의 과일이다. 껍질을 벗기면 당도가 아주 높은 하얀 과육이 드러난다. 베트남 전역에서 사랑 받는 과일 중 하나다.

'용의 과일'이라는 뜻을 지닌 용과*Dragon Fruit*는 붉은 껍질을 가진 주먹만 한 크기로 나뭇가지 끝에 달린 열매가 용이 여의주를 물고 있는 것처럼 보인 데서 이름이 유래됐다. 과일을 반으로 가르면 하얀 과육에 검은 씨가 박힌 모습을 볼 수 있다. 최근에는 붉은 과육에 검은 씨가 있는 품종도 많이 재배되고 있다. 사각사각한 식감과 은은한 단맛으로 베트남 남부 해안가에서 많이 재배된다.

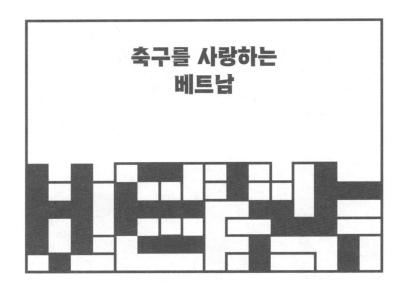

축구를 사랑하는
베트남

왜 베트남은 축구에 열광할까?

베트남에서 가장 인기 있는 스포츠는 단연코 축구다. 테니스, 배드민턴 등의 스포츠도 인기가 있지만 축구를 좋아하는 것에는 미치지 못한다. 베트남 사람들은 국내 리그와 국가 대항전은 물론 전 세계 유명 축구 클럽들의 경기에 큰 관심을 가진다. 일상에서 축구를 접하는 일이 많고 좋아하는 팀을 응원하는 문화가 형성되면서 축구의 인기가 높아졌다.

특히 2017년부터 2023년까지 베트남 국가대표팀과 유소년 축구팀이 뛰어난 성적을 거두면서 축구의 인기는 한층 더 높아졌다. 강력한 팀과 맞붙어도 끝까지 싸우는 선수들의 모습에

● 베트남 사람들의 축구 응원 모습

국민들은 하나가 되어 열정적으로 응원했고 이 과정에서 축구
는 국민 스포츠로 더욱 자리매김했다. 그리고 이 돌풍의 주역
에 베트남 축구 국가대표팀을 이끌었던 박항서 감독이 있다.

지난 5년간의 베트남 국가대표팀의 여정은 한 편의 드라마
같았다. FIFA 순위는 125위에서 94위로 급상승했고 동남아시
아에서도 1위를 차지하는 등 괄목할 만한 성과를 보였다. 베트
남은 동남아시아 축구 대회에서 우승을 차지하고 FIFA 월드컵
최종 예선에 진출하는 쾌거를 이루며 축구 역사에 길이 남을
마법 같은 순간을 만들어 냈다.

축구 경기가 열리는 날이면 대형 화면을 갖춘 카페나 레스
토랑에 많은 사람이 모여 응원을 한다. 이때 붉은색 티셔츠에
노란별이 그려진 베트남 국가대표 유니폼을 입고 오토바이를

타고 모이는 모습도 흔히 목격된다. 특히 베트남 국가대표팀의 축구 경기가 있는 날에는 한국인이라는 이유만으로도 베트남 사람들이 웃으며 반갑게 맞아주는 모습을 볼 수 있다.

라이벌 팀인 태국이나 말레이시아와의 경기는 응원의 열기가 한층 더 뜨겁다. 승리라도 하면 밤새도록 오토바이 행렬과 환호 소리가 이어진다.

생활 체육의 상징 배드민턴

배드민턴은 구기 종목 중에서 체격의 영향을 비교적 적게 받는 운동이다. 키가 크고 체격이 좋은 선수들은 강력한 샷을 구사할 수 있지만 에너지 소모가 큰 반면, 키가 작고 체격이 왜소한 선수들은 민첩성과 지속력 면에서 장점을 지닌다.

체격보다는 개인의 능력과 기술이 중요한 배드민턴은 베트남에서 대표적인 생활 체육으로 자리 잡았다. 대부분의 체육관에는 개인 코치가 있어 기초를 배우기에 좋다. 코트 대여료도 저렴하고 비가 오거나 밤에도 할 수 있는 실내 운동이라 쉽게 즐길 수 있다.

그러나 생활 체육이라고 해서 그 수준을 과소평가해서는 안 된다. 베트남에서는 어릴 때부터 배드민턴을 접해온 사람이 많고 성인이 되어서도 꾸준히 하는 경우가 흔하다. 그래서 생활

● 생활 체육의 상징 베트민턴

체육에서도 프로급 실력을 가진 사람들의 경기를 어렵지 않게
볼 수 있다. 고수들의 경기가 일상적으로 열리다 보니 베트남
인들의 배드민턴에 대한 안목도 상당히 높은 편이다.

베트남 제기차기 따가오

해질녘 공터를 지나가다 사람들이 삼삼오오 모여서 무엇인
가를 주고받길래 가까이 다가가 보니 '제기'였다. 베트남에서
는 제기를 '따가오*Da Cau*'라고 부른다. 따가오는 원을 만들어
서로 제기를 주고받는 방식으로 진행된다. 한국의 제기차기는
각자가 제기를 몇 번 차는지에 초점을 맞춘다면, 따가오는 여

● 베트남 제기차기 따가오

러 사람이 한 개의 제기를 떨어뜨리지 않고 주고받는 데 중점을 둔다. 개인 기술뿐만 아니라 팀워크가 중요한 스포츠로 인원수에 상관없이 함께 즐길 수 있다.

따가오에 사용되는 제기는 한국의 제기와는 다소 다르다. 한국의 제기는 깃털이 풍성해 공중에서 천천히 떨어지도록 설계된 반면, 베트남의 따가오는 화살 깃털과 비슷하게 생겨서 공기 저항을 덜 받으며 멀리 이동하기에 적합하다.

따가오를 차는 베트남인들을 보고 있으면 그들의 뛰어난 발 기술에 감탄하지 않을 수 없다. 단순히 제기를 주고받는 것에 그치지 않고, 뒤로 돌아서 받거나 발바닥으로 받아 머리 위로 넘겨주는 등 고급 기술을 자유자재로 구사한다. 이들의 모습은 마치 예술 행위처럼 보이기도 한다.

베트남 축구
국가대표 감독 박항서

　박항서 감독은 2017~2023년 베트남 축구 국가대표팀을 이끌었다. 또한 2017~2022년 베트남 U-23 대표팀의 감독을 겸임했다. 한국에서는 2002년 한일 월드컵 당시 히딩크 감독의 수석코치로 활약하며 강렬한 이미지를 남겼다. 박 감독이 베트남 국가대표에 합류했을 당시 팀 내부는 젊은 선수로 교체된 상태였고 이전 감독의 성적 부진으로 박 감독에게는 특단의 조치가 필요했다. 그는 베트남 선수에게 정신력과 체력이 가장 필요하다고 판단해 이를 강화하는 데 집중했다.

● 박항서 축구 감독

박 감독 부임 1년 후인 2018년, 베트남은 동남아시아 축구 선수권 대회에서 10년 만에 우승했고, 2019년 아시안컵에서는 8강에 진출해 베트남 축구 역사상 최고 성적을 기록했으며, 2022년에는 FIFA 월드컵 아시아 지역 최종 예선에 진출했다. 그는 2023년 동남아시아 축구 선수권 대회에서 준우승을 기록하며 지도자 경력을 마무리했다. 박 감독은 베트남 정부로부터 두 차례나 훈장을 수여 받으며 국민적 영웅으로 인정받았다. 그의 리더십은 지금까지도 베트남 국민에게 자긍심을 심어주었다.

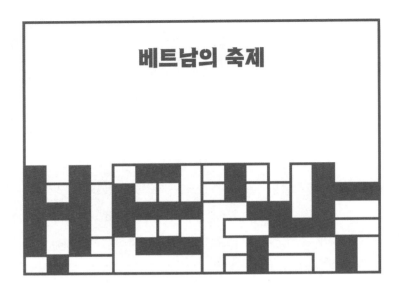

베트남의 축제

베트남 최대 축제 설 명절 뗏

베트남에서 가장 큰 축제는 설 명절인 뗏*Tet*이다. 이 기간은 1년 중 가장 긴 연휴로 주말을 포함해 최소 1주일 동안 이어진다. 설날이 되면 가족을 만나기 위해 고향으로 이동하려는 사람들로 극심한 교통 정체를 겪는다. 베트남 사람들은 설날만큼은 반드시 고향을 방문하기 때문에 이 시기 도시는 텅 비게 된다. 만약 외국인이 설 연휴에 대도시를 여행한다면 대부분의 상점이 문을 닫아 불편을 겪을 수 있다.

베트남에서는 설날을 '뗏 응우옌 단*Tét Nguyên Đán*'이라고 부른다. 응우옌 단을 한자로 읽으면 '원단元旦'이라 하는데 이는

'으뜸이 되는 아침'이라는 뜻이고 뗏 응우옌 단은 '새해 첫날의 명절'을 의미한다. 설날은 가족들이 모두 모여 지난 한 해를 마무리하고 새해의 시작을 함께하는 중요한 날이다.

베트남 사람들이 꼭 먹는 설 음식이 있다. 베트남 전통 떡인 '반쫑*Banh Chung*'이다. 땅을 상징하는 사각형 모양의 떡으로 동나무 잎이나 바나나 잎, 찹쌀, 녹두, 돼지고기, 양파, 소금, 후추, 느억맘이 들어간다.

반쫑을 만들려면 많은 정성이 필요하다. 돼지고기는 느억맘과 소금, 후추로 간을 해두어야 하고 찹쌀과 녹두는 전날부터 물에 불려 준비한다. 깨끗이 씻은 동나무 잎이나 바나나 잎을 사용해 찹쌀, 녹두, 돼지고기를 층층이 쌓아 사각형 모양으로 감싼 후 오랜 시간 동안 쪄서 완성한다. 반쫑은 가족이 함께 모여 이야기를 나누면서 준비하기 때문에 그 가치가 더욱 크다. 가족의 정성과 화합이 담긴 음식이다.

설날에는 집집마다 분홍색 복숭아나무와 노란색 매화나무로 장식하는 전통이 있다. 장식은 지역에 따라 다른데 북부 지역에서는 복숭아나무를 집 앞에 장식한다. 재물과 건강을 가져다준다고 믿기 때문이다. 기후가 온화한 남부 지역에서는 매화나무를 장식하는데 행운을 불러오고 나쁜 기운을 쫓는다고 여긴다. 이 나무들은 집 앞에도 장식을 하지만 상점이나 길거리에서도 흔히 볼 수 있다. 선물로 주고받기도 한다.

설날에 빠질 수 없는 관습 중 하나가 한국의 세뱃돈과 비슷

● 베트남 최대 축제 설명절 텟

한 '리씨Li Xi'이다. 베트남에서는 새해 아침 차례를 지내고 가족이 함께 식사한 후 덕담과 함께 리씨를 주고받는다. 한국과 달리 세배를 하지는 않지만 새해의 건강과 행운을 기원하는 따뜻한 덕담을 나눈다.

리씨에는 주로 황금색 글씨가 쓰인 붉은색의 화려한 봉투가 쓰인다. 봉투에는 새해의 복과 행운을 기원하는 문구가 적혀 있다. 어른에게는 장수를 기원하고 아이에게는 행운이 찾아오기를 바라는 마음으로 리씨를 주고받는다.

한국의 추석과 같은 중추절

베트남에도 한국의 추석과 비슷한 명절이 있다. '중추절中秋節'이다. 중추절은 한자의 뜻 그대로 '가을의 한가운데에 있는 날'로 음력 8월 15일에 해당한다. 꽉 찬 보름달은 가족이 모이는 재결합의 상징으로 여겨져 베트남 사람들은 중추절이 되면 가족 모두가 모여 보름달을 보면서 문케이크Moon Cake(월병)를 먹고 차를 마시며 시간을 보낸다.

베트남의 중추절은 한국의 추석과 비슷하면서도 다른 점이 있다. 한국의 추석은 수확의 계절을 맞아 조상에 감사하는 추수감사절의 성격이 강하다. 베트남의 중추절도 원래는 농사의 풍년을 기원하며 용신에게 재를 올리는 날이었지만 20세기부터는 '아이들의 명절'로 변화했다.

중추절이 되면 부모는 아이들에게 가면이나 등불 장난감을 사주고 아이들은 등불을 들고 부모와 함께 보름달을 보러 나와 즐거운 시간을 보낸다. 베트남 도시 곳곳에서 등불 전시회도 열리는데, 거리에는 다양한 색상의 등불이 가득하고 아이들은 등불을 들고 행진하며 노래를 부르는 모습을 볼 수 있다. 별 모양, 연꽃 모양 등 다양한 디자인의 등불이 중추절 밤을 더욱 아름답게 만든다.

중추절을 대표하는 음식은 문케이크다. 베트남어로는 '반쭝투Banh Trung Thu'라고 불리며 '중추절에 먹는 빵'이라는 뜻이

● 베트남 중추절의 모습

● 베트남 중추절에 즐기는 문케이크

다. 문케이크는 보름달을 닮은 둥근 모양으로 안에는 녹두 앙금, 고기 등의 재료가 들어간다. 크기는 손바닥 반 정도로 차와 함께 먹기에 좋다. 문케이크는 명절 선물로도 많이 사용된다. 회사에서는 고객에게, 학생과 학부모들은 선생님께, 아이들은 부모님께 감사의 마음을 담아 문케이크를 보낸다.

독립기념일 축제

하노이의 바딘광장은 독립기념일 축제의 가장 중요한 장소다. 1945년 9월 2일 호찌민 주석이 이곳에서 프랑스로부터의 독립 선언문을 낭독했기 때문이다. 이 날을 기념하여 매년 9월 2일은 베트남의 독립기념일로 지정되어 국가 공휴일로 쉰다. 베트남은 공휴일이 많지 않다. 독립기념일은 설날 이후 유일하게 2일 연속 쉴 수 있는 특별한 날이다.

베트남 독립기념일은 독립을 위해 싸우고 희생한 영웅들을 기리는 날이다. 이 날이 되면 베트남 사람들은 집 앞에 베트남 국기를 내걸어 국가를 위해 헌신한 이들을 기억한다. 하노이의 호찌민 묘소나 순교자의 묘를 찾아가 독립을 위해 희생한 이들을 추모하는 사람들도 많다.

독립기념일의 주요 행사는 퍼레이드와 불꽃놀이이다. 특히 호찌민에서는 독립기념일 밤에 성대한 불꽃놀이가 열려 많은 인파가 몰린다. 이 날은 주요 도심에 보행자 거리가 조성되어 차량이 통제된다. 대표적인 장소는 호찌민 1군 시청 앞 광장과 하노이 호안끼엠 호수 주변이다. 이곳에서는 독립기념일과 관련한 크고 작은 행사와 퍼레이드를 볼 수 있어 축제 분위기가 가득하다.

꽃으로 가득한 달랏의 플라워 페스티벌

베트남 남부의 달랏은 호찌민에서 북동쪽으로 약 300km 떨어진 고산도시다. 이곳에서는 2년에 한 번 달랏 플라워 페스티벌*Dalat Flower Festival*이 열리는데 베트남 사람들 사이에서 꼭 가보고 싶은 축제 중 하나로 꼽힌다.

달랏 플라워 페스티벌은 12월 중순부터 말까지 약 1주일간 열리며 도시 전체가 꽃으로 가득해 마치 거대한 꽃 테마파크로 변신한다. 12월의 달랏 평균 기온은 20도로 쾌적한 날씨 덕분에 걷기도 좋고 땀 흘릴 걱정 없이 여유롭게 축제를 즐길 수 있다.

달랏 시내 중심에는 쑤언흐엉 호수가 있다. 한글로 '봄향기春香의 호수'라는 뜻이다. 축제는 이 호수를 중심으로 펼쳐진다. 특히 호수 끝자락에 있는 달랏 꽃정원*Dalat Flower Garden*은 축제를 위해 특별히 꾸며지기 때문에 많은 방문객이 몰리

● 달랏 플라워 페스티발

곤 한다. 이곳은 아시아 최대 규모의 꽃정원으로 수국을 포함해 300여 종의 꽃들이 전시되어 있어 화려함과 규모 모두 압도적이다.

축제 기간에는 많은 행사가 열린다. 호수 위에 마련된 커다란 무대에서는 음악회와 예술 공연이 펼쳐지고 열기구 축제, 각종 스폰서 업체의 시식 행사와 홍보 행사도 함께 진행된다. 곳곳에 설치된 꽃과 관련한 조형은 걷는 내내 시선을 사로잡아 사진을 찍다 보면 핸드폰 배터리가 금세 소진될 정도다.

2005년부터 시작된 달랏 플라워 페스티벌은 해를 거듭할수록 규모가 커지고 방문객도 늘어나고 있다. 크리스마스 즈음에 베트남 남부를 방문할 계획이 있다면 달랏에 들러 이 아름다운 꽃의 향연을 즐겨보자.

화려한 등불 축제, 호이안의 랜턴 페스티벌

베트남 중부의 대표적인 관광지인 호이안은 다양한 축제로 유명하다. 그중에서 하나를 손꼽자면 호이안 랜턴 페스티벌*Hoi An Lantern Festival*을 들 수 있다. 한국에서는 '등불 축제'로 알려진 축제다.

호이안 랜턴 페스티벌은 매달 음력 14일(보름)에 열린다. 이날은 가로등과 같은 인공 불빛을 끄고 등불로 도시 전체를 환

● 호이안 랜턴 페스티벌

하게 밝힌다. 이 아름다운 모습을 제대로 감상하려면 밤에 가야 한다. 해지기 전인 늦은 오후에 방문해 일몰을 감상한 후 저녁까지 머물면 안성맞춤이다. 밤이 되면 호이안은 형형색색의 등불로 가득 차 마치 과거로 시간 여행을 떠난 듯 고즈넉하다. 옛 건물들이 가득한 호이안에서 빛나는 등불이 만들어내는 이 아름다움은 직접 경험하지 않고서는 느끼기 어렵다.

　호이안 랜턴 페스티벌에 가면 베트남식 나룻배인 삼판*sampan*을 타고 등불을 강가에 띄우는 체험을 할 수 있다. 베트남에서 등불은 재물과 행운을 상징한다. 베트남 사람들은 소원을 빌면 이루어진다고 믿기 때문에 많은 이가 이 체험을 즐긴다.

가장 화려한 축제, 베트남 결혼식

베트남에서 가장 화려한 축제는 결혼식이다. 베트남 주재원으로 생활하면서 현지 결혼식에 여러 번 초대받아 참석해본 경험을 바탕으로 말하자면, 베트남 결혼식은 전통과 현대가 어우러진 행사이며 정말 많은 사람이 참석해 신랑과 신부의 새로운 시작을 축하하는 자리였다. 베트남의 결혼은 결혼식 허락받기, 약혼식, 결혼식이라는 3단계 절차로 진행된다.

결혼식 허락받기인 '레 담 오^{lễ dạm ngõ}'는 신랑 가족이 신부 가족의 집에 방문해 결혼 의식을 논의하는 자리이다. 한국의 상견례와 비슷하다. 결혼 준비 과정의 공식적인 시작으로 양가가 만나 식사를 하면서 결혼 준비 과정과 절차를 협의한다.

다음으로 약혼식인 '레 안 호이^{lễ ăn hỏi}'는 가족과 친척을 불러 결혼을 알리는 자리이다. 이때부터 양가가 신랑과 신부를 가족의 일원으로 받아들인다. 약혼식은 대개 신부 집에서 하며 신랑과 신부 의상은 주로 베트남 전통 복장인 아오자이를 입는데 붉은색 원단에 금색 자수가 새겨진 화려한 아오자이가 인기다. 참석한 친척들은 양복 또는 와이셔츠를 입어 격식을 차리고 들러리들은 옷을 맞춰 입는다. 신랑 측 가족은 신부 가족에게 건넬 술, 과일, 과자, 초 등 선물을 준비해 방문하며 조상을 숭배하는 의식도 집안에서 치른다. 최근에는 결혼식 전날이나 이틀 전에 약혼식을 진행하거나 결혼식과 함께 치르는

● 베트남 결혼식

경우도 많다.

가장 중요한 행사인 결혼식은 '레 끄어이*lễ cưới*'라고 한다. 도시에서는 전문 연회장을 빌려 진행하는 경우가 많고 시골에서는 큰 천막을 치고 식을 올린다. 신랑과 신부가 부부가 되었음을 많은 사람 앞에서 선포하며 축하 공연과 함께 음식과 술을 제공하는데 전채 요리부터 메인 요리, 디저트까지 꽤 다양하게 나온다. 연회장 탁자는 둥근 테이블이 주로 사용되며 한 테이블에 8~10명 정도가 앉는다. 신랑과 신부, 양가 부모님은 테이블을 돌며 하객들에게 감사 인사를 전하고 양가 부모의 건배사 같은 식순으로 이어진다.

결혼식 복장도 주목할 만하다. 최근에는 서양식 드레스와 양복을 입고 진행하다가 결혼식 중반에 아오자이로 갈아입고 하객에게 인사하는 경우가 많다. 양가 부모님은 아오자이를 입고 신랑과 신부 친구들은 아오자이 색을 통일하기도 한다. 남성 하객은 정장이나 와이셔츠를, 여성 하객은 단정한 원피스나 오피스 룩을 주로 입는다.

베트남 기념일

기념일	날짜	내용
신정 New Year's Day	1월 1일	새해 기념일이며 양력 설이다.
구정 Tet Holiday	2월 중순 (음력 1월 1일)	베트남에서 가장 중요한 휴일로 온 가족이 모여서 새해를 기념하는 날이다. 1주일가량 쉬는 연휴가 이어진다.
세계 여성의 날 International Women's Day	3월 8일	공휴일은 아니지만 여성의 노고를 축하하는 날
흥왕 기념일 Hung Kings Commemoration Day	4월 18일 (음력 3월 10일)	베트남 국가의 창시자인 흥왕의 서거를 기념하는 날로 한국의 개천절과 같다. 흥왕은 한국의 단군과 같은 존재다.
통일의 날 Reunification Day	4월 30일	1975년 4월 30일 베트남전쟁이 종식되고 베트남이 하나로 통일된 것을 기념하는 날
국제 노동절 International Labor Day	5월 1일	근로자들의 사회 공헌을 축하하기 위한 기념일
호찌민 탄생일 Bac Ho's birthday	5월 19일	공휴일은 아니지만 호찌민 주석의 생일을 기념하는 날
어린이날 Children's Day	6월 1일	공휴일은 아니지만 어린이날
독립기념일 National Day	9월 2일	베트남 건국을 기념하는 날. 1945년 하노이 바딘광장에서 호찌민 주석이 독립선언문을 낭독한 날을 독립기념일로 정했다.
여성의 날 Vietnamese Women's Day	10월 20일	공휴일은 아니지만 베트남 여성의 날로 꽃과 식사로 여성의 노고를 축하하는 날
스승의 날 Teacher's Day	11월 20일	공휴일은 아니지만 선생님에게 꽃을 드리고 감사의 마음을 전달하는 날

베트남 12간지

베트남의 12간지는 한국과 조금 다르다. 특히 물소 띠, 고양이 띠, 염소 띠가 눈에 띄는데 이는 베트남의 지리적인 환경에 어울리는 동물이 반영된 결과다. 물소는 소 대신 포함된 동물로 농업에서 중요한 역할을 하기 때문에 포함되었다. 한국이나 중국에서는 고양이가 부정적인 동물로 여겨져 토끼가 쓰이지만 베트남에서는 고양이를 친근한 동물로 생각한다. 염소는 베트남에서 많이 기르기 때문에 포함되었다.

구분	한국	태국	베트남
자(子)	쥐	쥐	쥐
축(丑)	소	소	물소(버팔로)*
인(寅)	호랑이	호랑이	호랑이
묘(卯)	토끼	고양이	고양이*
진(辰)	용	용	용
사(巳)	뱀	뱀	뱀
오(午)	말	말	말
미(未)	양	양	염소*
신(申)	원숭이	원숭이	원숭이
유(酉)	닭	닭	닭
술(戌)	개	개	개
해(亥)	돼지	코끼리	돼지

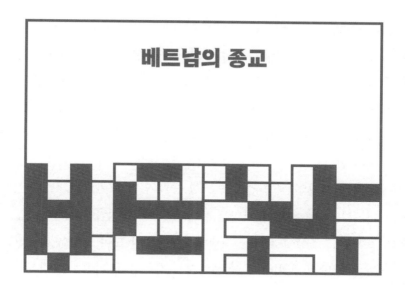

베트남의 종교

조상 숭배가 주를 이루는 베트남 종교

　사회주의 국가인 베트남에 종교의 자유가 있는지 궁금해 하는 사람이 많다. 결론부터 말하자면 베트남사회주의공화국의 헌법은 공식적으로 종교의 자유를 허용한다. 다만 종교 집단의 활동이 정부의 방침에 반하는 경우에는 규제를 받을 수 있다. 예를 들어 베트남의 관습을 위반하는 노상 선교 활동이나 종교 집회는 엄격히 금지되며 이를 위반하면 강제 추방과 같은 강경한 제재를 받을 수 있다. 2022년 기준으로 베트남 정부가 공식적으로 인정한 종교는 불교, 천주교, 개신교, 이슬람교, 까오다이교를 포함해 약 43개이다.

베트남에서 가장 많은 사람이 믿는 신앙은 조상 숭배를 하는 베트남 민속 신앙이다. 전체 인구의 80% 이상이 이에 속한다. 불교와 기독교 신자는 모두 합쳐도 약 10%를 조금 넘는 수준이다. 조상 숭배는 유교, 도교, 불교의 문화적 영향을 받아 발전한 민속 신앙으로 베트남 사람들의 일상과 깊이 연결되어 있다.

특히 설날인 뗏 기간에는 조상 숭배가 가장 활발하게 이루어진다. 이때 베트남 사람들은 고향을 방문해 집안 어른들을 찾아뵙고 조상께 제사를 지낸다. 온 가족이 모여 조상을 기리는 전통을 통해 가족 간의 유대감을 강화한다. 이러한 문화는 베트남인이라면 자연스럽게 이어져 내려오는 터라 해외에 거주하는 베트남인도 조상 숭배 문화를 지키며 베트남인으로서의 정체성을 느끼며 살아간다.

조상 숭배는 설날과 같은 특정한 날뿐만 아니라 일상에서도 실천된다. 대부분의 베트남 가정에는 '반터'라고 불리는 제단이 있다. 베트남 사람들은 조상들이 자손을 보호해 준다고 믿으므로 항상 정성을 다해 제단을 관리한다. 반터에는 늘 향이 피워져 있다. 향이 피워져 있는 동안에는 조상과 영적인 교류를 할 수 있다고 믿기 때문이다. 이때 향의 개수까지 신경 써서 예를 드린다. 항상 홀수 개의 향을 피우는데 이는 홀수를 양陽의 수로 보는 음양사상에 의한 것이다. 짝수의 향은 사용하지 않는다.

용과 거북이의 전설에서 보는 애니미즘 토테미즘

베트남은 예로부터 용과 거북이를 신성한 동물로 여겼다. 이러한 현상은 종교의 초기 형태인 애니미즘과 토테미즘에서 주로 나타난다. 신성한 동물을 숭배의 대상으로 삼으며 수많은 전설과 이야기가 전해져 내려온 것이다. 오늘날에도 베트남에서는 용과 거북이가 중요한 존재로 남아 있다. 왕궁의 용무늬와 다낭의 용다리*Dragon Bridge*처럼 건축물의 장식으로 자주 사용되며 중요한 날에는 이 동물에게 행운을 빌기도 한다.

아시아 문화권에서 용은 왕의 권력과 힘을 상징하며 나라를 지켜주는 의미를 지닌다. 베트남 건국 신화에도 용이 등장한다. 또한 베트남 사람들은 수도의 이름을 용과 관련된 이름으로 바꾸어 부르기도 하고 용과 관련된 전설의 장소도 있다.

가장 유명한 베트남 건국 신화는 3부에서 소개한 '락롱과 어우꺼' 이야기이다. 용왕의 후손인 락롱 과 산의 공주인 어우꺼가 사랑을 나누어 100명의 자녀를 낳았는데 이 둘이 헤어지면서 자녀 50명은 어머니인 어우꺼를 따라 산으로 가고, 나머지 50명은 아버지인 락롱을 따라 해안에 살게 된다. 그중 첫째 아들인 훙왕이 베트남 최초 국가인 반랑국을 세우며 베트남의 시조가 되었다.

베트남의 수도 하노이의 옛 지명인 탕롱 역시 용과 관련 깊다. 탕롱은 한자로 '오를 승昇'과 '용 룡龍'이 합쳐져 '용이 승천

● 하노이 호안끼엠 호수

하다'라는 뜻을 지닌다. 이와 관련한 유명한 장소는 탕롱황성 *Thang Long Imperial Citadel*이다. 이곳은 11세기 레왕조 시대에 세워진 후 19세기 응우옌 왕조가 후에로 수도를 옮기기 전까지 정치적 중심지로 사용되었다.

거북이와 관련한 유명한 이야기는 하노이의 호안끼엠 호수 *Hoan Kiem lake* 전설이다. 호안끼엠을 한자로 읽으면 '환검還劍', 즉 '반납한 검'이라는 뜻이다. 어쩌다가 이런 이름이 생겼는지 알려면 14세기 레 왕조까지 거슬러 올라가야 한다. 후기 레 왕조의 태조인 레러이*Lê Lợi*가 전쟁 중 호수에서 용왕의 보검을 얻게 되고 그 힘으로 중국 명나라와의 전쟁에서 승리해 새로운 왕조를 세웠다. 나라가 평화로워진 어느 날 레러이는 호수 위로 나타난 금빛 거북을 만난다. 그 순간 용왕의 보검이 빛을 발하며 움직였고 레러이는 평화로운 세상에는 이 검이 더 이상 쓰일 일이 없다고 생각해 거북에게 보검을 돌려준다. 이런 전설에 따라 호수 이름이 '호안끼엠(반납한 검)'으로 불리게 되었다. 호수 한가운데에 위치한 '거북이 탑Turtle Tower'은 이 전설을 기념하는 상징적인 건축물로 자리 잡았다.

베트남의 용과 거북이에 관한 전설은 단순한 이야기로 끝나지 않는다. 이들은 베트남의 문화와 역사, 신앙의 중심으로서 중요한 의미를 지니며 애니미즘과 토테미즘의 대표적 예로 지금까지 사랑받고 있다.

용의 전설의 장소 하롱베이

베트남 북서쪽에 있는 하롱베이는 하노이에서 동쪽으로 약 150㎞ 떨어진 유명한 광광지다. 약 3,000개의 크고 작은 섬으로 이루어져 있는데 기암괴석과 에메랄드 빛 바다가 어우러진 경관 덕분에 유네스코 세계자연유산으로 등재되어 있다. 베트남을 대표하는 명소로 많은 관광객이 배를 타고 바다를 둘러보며 하루를 즐기는 곳이다.

'하롱'이라는 지명은 한자로 '아래 하下'와 '용 룡龍'이 합쳐져 '용이 내려오다'라는 뜻을 지닌다. 베트남은 용과 관련된 전설이 많은데, 하롱베이는 그중에서도 대표적인 장소로 꼽힌다. 전설에 따르면 베트남 건국 초기 외세의 침략을 받던 시기에 하늘에서 용이 내려와 무수히 많은 진주를 내뿜으며 적군을 물리쳤다. 이 진주들이 바다 위에 흩어져 각각의 섬이 되었고, 용이 내려와 싸움터가 된 곳이 바로 하롱베이다. 그래서 하롱베이에 있는 여러 섬의 이름에 '용'이라는 단어가 등장한다.

하롱베이는 카르스트 지형으로 유명하다. 카르스트 지형은 물에 잘 녹는 암석이 화학적으로 용해되면서 형성된다. 석회암으로 이루어진 대지가 융기하면서 갈라진 틈 사이로 빗물이 스며들고 오랜 세월에 걸쳐 녹아내리면서 석회동굴과 같은 지형을 만들어낸다. 그러나 지표면에 노출된 석회암은 녹지 않고 덩어리로 남는데, 현재 하롱베이의 바위와 섬들이 이러한 과정을 거쳐 형성되었다. 베트남 20만 동 지폐에 그려진 하롱베이의 향로 바위*Incense Burner Rock* 또한 카르스트 지형의 대표적인 예다.

● 용의 전설의 장소 하롱베이. 아래 왼쪽 사진이 향로 바위다.

한국에는 김씨
베트남에는 응우옌씨

베트남의 뉴스나 신문을 보면 유독 익숙하게 느껴지는 성과 이름이 있다. 그중에서도 가장 눈에 띄는 성씨가 응우옌^{Nguyễn}이다. 한자로는 '완阮' 또는 '원阮'으로 표기되며 베트남 전체 인구의 38% 이상이 이 성씨를 사용한다. 베트남에서 비즈니스 미팅을 하거나 명함을 주고받을 때 혹은 자기소개를 들을 때 3명 중 1명은 응우옌이라는 성씨를 만날 가능성이 있다.

응우옌씨의 분포를 한국의 성씨와 비교해 보면 그 비율을 쉽게 이해할 수 있다. 한국에서는 김金, 이李, 박朴, 최崔, 정鄭, 강姜의 여섯 개 성씨가 전체 인구의 약 60%를 차지한다. 이 중 김씨가 약 21%, 이씨가 약 17% 비율을 차지한다. 이를 감안하면 베트남에서 응우옌씨를 만날 확률은 한국에서 김씨와 이씨를 합친 것만큼 높은 셈이다.

응우옌이라는 성씨가 이렇게 널리 퍼진 이유는 베트남 역사에서 찾을 수 있다. 베트남 중부 후에를 중심으로 둔 응우옌 왕조는 베트남의 마지막 왕조였다. 베트남에서는 왕조가 바뀔 때마다 이전 왕조의 성씨를 사용하는 사람들에게 새로운 왕조의 성씨로 변경하도록 강제했는데 마지막인 응우옌 왕조가 가장 오래 유지된 결과, 응우옌 성씨가 널리 퍼지게 된 것이다.

베트남에서 불리는 이름의 뜻 정리

베트남인의 이름은 '성-이름'의 구성으로 한국 사람들의 이름과 동일하다. 하지만 독특하게도 개인의 특징이나 가족을 나타내는 뜻을 중간 이름으로 붙여 '성-중간 이름-이름'을 사용하는 경우도 많다.

베트남 사람들의 이름은 한자를 기본으로 만드는데 한자의 의미가 그대로 반영한 이름이 많다. 남성 이름에는 주로 긍정적이고 밝고 상징적인 의미를 담고, 여성 이름은 새, 꽃, 아름다움 등 자연과 관련한 아름다운 의미를 담는다.

남자 이름	뜻	여자 이름	뜻
민*Minh*	밝음(明)	안*An*	평안(安)
롱*Long*	용(龍)	하이*Hải*	바다(海)
남*Nam*	남자(男)	란*Lan*	난초(蘭)
뿍*Phúc*	행복(福)	옥*Ngọc*	보석(玉)
히우*Hiếu*	효도(孝)	뚜*Tú*	별(星)
꾸옹*Cường*	강함(強)	화*Hoa*	꽃(花)
찐*Chinh*	진리(眞)	홍*Hồng*	장미꽃(紅)
퐁*Phong*	바람(風)	쑤안*Xuân*	봄(春)
티엔*Tiến*	전진(前)	이엔*Yến*	제비(燕)
응이아*nghĩa*	영원(永)	느*Nữ*	여자(女)

베트남의 문화와 예술

외국인에게 예술로 보이는 프로파간다

베트남에서 생활하다 보면 사회주의 국가임을 느끼게 해주는 부분이 있다. 바로 선전 홍보 포스터인 프로파간다*Propaganda*다. 거리 곳곳에 걸려 있는 이 포스터들은 화려한 색상과 베트남어로 적힌 문구로 외국인에게 강렬한 인상을 남긴다.

프로파간다는 특정한 의도를 가지고 여론을 조성해 사람들의 행동을 의도된 방향으로 이끄는 선전 활동을 말한다. 이 단어는 라틴어에서 유래했으며 원래는 로마에서 신앙을 전파하기 위해 교단에서 진행했던 선전 활동에서 비롯되었다. 이후 종교적 선전 활동이 현대에 이르러 정치적, 상업적 선전 활동

192

● 프로파간다

등으로 그 범위가 다양하게 확장되었다.

베트남에서 볼 수 있는 프로파간다는 사회주의 체제를 강조하는 내용이 많다. 농업과 공업을 장려하는 문구가 적힌 선전 포스터가 주를 이루며, 과거 전쟁 시기에는 군인과 관련한 포스터가, 코로나 시기에는 보건과 관련한 포스터가 많았다.

프로파간다를 들여다보면 흥미로운 공통점이 보인다. 인물 배치, 그림 배경, 베트남어 문구가 항상 포함되어 있는 것이다. 포스터에 주로 등장하는 인물은 군인, 노동자, 여성, 농부이며 가끔 학생도 등장한다. 배경에는 베트남 국기나 국장이 자주 사용되고 문구는 강조하고자 하는 메시지가 명확하게 담겨 있다.

베트남에서 사자춤을 구경했다면 보기 드문 특별한 공연을 경험한 셈이다. 베트남의 사자춤은 사자탈과 의상을 입은 전문 무용수가 2인 1조로 공연한다. 흥겨운 북소리에 맞춰 춤을 추는데 마치 살아 있는 사자의 움직임을 재현해 낸 듯하다. 사자춤은 설날, 중추절, 새로 개업한 사업장 또는 중요한 행사에서 볼 수 있다. 아시아권에서 사자는 악으로부터 보호하는 영물로 여겨진다. 그래서 새로운 시작을 알리는 행사에서 특히 인기가 있다.

사자 한 마리를 표현하려면 두 명의 무용수가 필요하다. 한 명은 머리와 앞발을, 다른 한 명은 허리와 뒷발을 맡아 사자의

● 베트남 사자춤

194

움직임을 완벽하게 표현한다. 눈꺼풀의 미세한 움직임이나 크게 입을 벌려 포효하는 모습은 관객의 몰입도를 높이는 핵심이다. 정교한 움직임과 북소리의 리듬이 어우러질 때 사자춤의 매력은 극대화된다.

애절한 가사로 유명한 〈헬로 베트남〉

〈헬로 베트남Hello Vietnam〉은 베트남계 벨기에 가수 팜 꾸인 아인Phạm Quỳnh Anh이 불렀으며 고국인 베트남에 대한 그리움을 담고 있다. 처음에는 벨기에에서 발매되었으나 베트남에서 폭발적인 인기를 얻으면서 현재는 베트남을 대표하는 곡으로 자리 잡았다. 한국에서도 씨스타의 효린이 이 노래를 불러 화제가 되었으며 베트남으로 가는 비엣젯 항공사에서도 베트남 도착 시 틀어주는 노래로 잘 알려져 있다.

가수인 팜 꾸인 아인은 베트남전쟁으로 태어나기도 전에 아버지를 여의었다. 어린 시절에는 베트남에서 살다가 어머니의 재혼으로 벨기에로 이주했다. 하지만 고국인 베트남을 항상 그리워했고 그 감정을 담아 만든 곡이 바로 〈헬로 베트남〉이다. 후렴구를 가만히 살펴보면 고국을 향한 애틋한 감정이 느껴진다. 이 곡은 영어로 된 가사와 애절한 멜로디 덕분에 외국인도 쉽게 공감할 수 있다.

One day I touch your soil.
언젠가 나는 베트남 땅을 밟을 거야.

One day I finally know your soul.
언젠가 나는 베트남 정신을 알게 될 거야.

One day I will come to you.
언젠가 나는 베트남에 가서

To say hello Vietnam.
안녕 베트남이라고 말을 할 거야.

세계 유일한 형태의 수상 인형극

베트남 북부 하노이로 여행한다면 꼭 봐야 할 공연이 있다. 베트남 국가무형문화재인 '수상 인형극*Water Puppet Shows*'이다. 이 인형극은 가슴까지 차는 물속에서 대나무와 실로 인형을 조종하며 연극을 펼치는 베트남의 독창적인 전통 예술이다. 하노이의 호안끼엠호수 주변에 이를 공연하는 수상인형 극장이 여러 개 있다.

주요 내용은 농촌 생활, 고기잡이, 축제 등 베트남 사람들의 삶과 밀접해 있다. 최근에는 베트남 전설이나 서양 동화를 소재로 공연을 확장하며 대중성을 높이고 있다. 수상 인형극의 매력은 라이브 음악과 조화로운 연출이다. 북과 심벌즈, 베트

● 고기잡이를 표현하는 수상 인형극

● 농촌생활을 표현하는 수상 인형극

남 전통 악기들이 어우러진 음악이 인형의 움직임과 조화로울 때 인형 스스로 살아 움직이는 듯한 느낌을 준다.

여기서 한 가지 궁금증이 생길 수가 있다. "왜 굳이 물속에서 인형극을 할까?" 지금은 전문 극장에서 공연하지만 과거에는 마을 연못이나 논에서 했다고 한다. 논에서 자라는 벼는 베트남에서 주요한 식량이고 물은 벼를 수확하기 위한 중요한 요소다. 또한 물속에서는 인형을 조종하는 줄이 보이지 않아 인형극의 생동감을 살리는 데 큰 역할을 한다.

공연 시간이 길지 않고 가격도 저렴하므로 하노이에 방문한다면 꼭 관람해 보기를 추천한다. 베트남의 전통과 예술을 한자리에서 만나는 특별한 경험이 될 것이다.

함께 생각하고 토론하기

한국의 문화를 K-컬쳐라고 부르며, 현재 우리나라는 문화를 수출하는 나라가 되어가고 있습니다. 베트남에서도 음악을 중심으로 드라마, 영화, 뷰티, 음식, 게임까지 확장되고 있습니다. 자기가 좋아하는 가수와 배우가 화면을 통해 보여주는 뷰티 분야도 유행입니다.

● 전 세계로 확산되고 있는 K-컬쳐를 마냥 좋아해도 될까요? K-컬쳐의 확산이 일시적인 것이 아닌 장기적인 관점에서 발전시키려면 어떻게 해야 할까요?

●● K-컬처의 빠른 확산은 소셜미디어와 디지털 플랫폼이 중요한 역할을 했습니다. 문화의 확산과 관련하여 소셜미디어와 디지털 플랫폼의 순기능과 역기능에 대해 말해 봅시다.

베트남의 〈띵띵땅땅송〉이라는 곡이 유튜브와 쇼츠를 통해 인기를 끌고 있습니다. 뉴진스의 팜하니, 블랙핑크, 아이브의 장원영, 배우 신예은까지 이 곡에 맞추어 춤을 추는 릴스가 돌기도 했습니다.

● K-컬쳐가 베트남에서 인기를 끄는 것처럼 베트남의 음악이나 문화를 포함하는 V-컬쳐 역시 한국에 소개되면서 영향을 주고받고 있습니다. 이와 같은 문화 상호주의에 대해 어떻게 생각하나요? 이와 비슷한 또 다른 예는 어떤 것이 있을까요?

5부

여기를 가면
베트남이 보인다

"하루의 여행은 한 바구니의 지혜를 준다."

A day's journey gives a basket of wisdom

- 베트남 속담

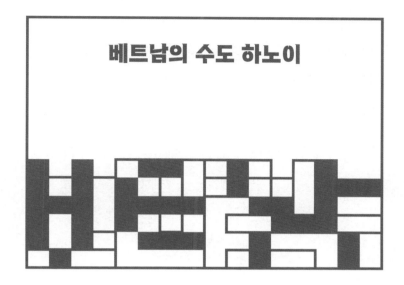

베트남의 수도 하노이

베트남의 수도 하노이*Hanoi, 河內*는 베트남 북부에 위치한 정
치와 문화의 중심지이다. 응우옌 왕조가 후에로 수도를 옮겼던
시기를 제외하면 하노이는 대부분 베트남의 수도 역할을 해왔
다. 과거 수도였던 탕롱 지역이 현재 하노이 시내에 위치해 있
어 '탕롱'을 하노이로 이해하기도 한다. 하노이 동쪽 120km 지
점에는 항구 도시 하이퐁이, 남쪽 95km에는 닌빈이 있다. 서호
와 호안끼엠호수를 중심으로 많은 유적지가 있으며 오토바이
교통량이 많은 것으로도 유명하다.

하노이에서는 베트남의 주요 행사 및 세계적인 회의가 열린
다. 아시아태평양경제협력체*APEC* 정상회담이나 북미정상회담
이 이곳에서 개최된 바 있다. 미국 대통령이 하노이 쌀국수 집

에서 맥주를 마신 장소도 하노이에 있으며, 북한 주석과 미국 대통령이 만남을 가졌던 장소 역시 하노이에 있다. 프랑스 식민지 시절의 건축물들이 고풍스럽게 보존되어 있는 한편, 경남기업이 지은 350m 높이의 하노이 랜드마크 72 타워와 롯데 건설에서 지은 267m 높이의 롯데센터 하노이 등 현대적인 고층 건물도 많다.

여행하기 좋은 시기는 봄(3~4월)과 가을(9~10월)이다. 기후가 온화하고 습도가 낮아 쾌적하다. 7월과 8월은 무덥고 비도 잦으므로 여행 시기로는 맞지 않다.

바딘광장&호찌민 묘

바딘광장 *Ba Dinh Squar*은 호찌민 주석의 묘가 있는 역사적인 장소이다. 1945년 9월 2일 호찌민 주석이 베트남 민주 공화국의 독립을 선언한 이후로도 바딘광장은 베트남의 역사적인 사건들을 함께 해왔다. 현재는 베트남 인민군의 열병식, 국경일 퍼레이드, 호찌민 주석 추도식 등 주요 국가 행사가 열리는 곳이다.

바딘광장으로 불리기까지 이 장소는 사연이 있다. 처음 이곳에는 하노이 황성의 정북문이 위치했으나 식민지 시절 프랑스가 이를 허물고 화원을 조성해 '푸지니네 화원 *Pugininer park*'으로 이름을 지었다. 그러다가 독립 후 프랑스에 맞서 혁명이

● 역사적인 장소 바딘 광장&호찌민 묘

일어난 베트남 북부 마을 이름인 바딘 마을의 이름을 따서 현재의 '바딘광장'이 되었다.

바딘광장 중앙에 21m높이의 3층 구조로 조성된 호찌민 주석의 묘는 누구나 방문할 수 있다. 묘 양 옆에는 계단을 두어 대규모 퍼레이드를 볼 수 있도록 했다. 묘 앞에서는 매일 아침 6시 국기 게양식이 거행되며 25m 높이의 대형 베트남 국기가 휘날린다.

바딘광장 주변은 베트남 주석궁, 국회 의사당, 외교부, 해외 대사관 등 하노이에서 중요한 건물들이 둘러싸고 있다. 호찌민 관저도 인접해 있다. 한국의 서울 광장과 비교할 만한 장소다.

하노이는 교육의 도시로도 유명하다. 한국에 서울대학교가 있다면 베트남에는 하노이국립대학교가 있다. 베트남 최초의 대학인 하노이 문묘도 있다.

베트남의 옛 유적을 조용히 즐기기에 좋은 하노이 문묘는 하노이 중심인 호안끼엠호수에서 서쪽으로 약 3㎞, 바딘광장에서 남쪽으로 약 1㎞ 떨어져 있다. 리 왕조 시절인 1070년에 설립되었으며 공자의 위패를 모시는 곳에서 황제와 귀족 가문의 자녀들을 교육하는 장소로 발전해 18세기까지 수많은 유학자를 배출했다.

하노이 문묘에 다다르면 먼저 문묘문이 나온다. 3층 구조의 정문으로 왕은 중앙 문을, 일반인은 양 옆의 작은 문을 사용했다. 커다란 정원을 지나면 대중문이 나오는데, 3칸 구조의 붉은 기와문으로 물고기가 조각되어 있다. 물고기 조각은 교육을 받는 학생을 뜻하며 용이 되기 위해 노력해야 한다는 의미를 담고 있다. 그 다음 규문각이라는 정자가 나온다. 베트남 10만 동 지폐에 등장하는 주인공이다. 규문각은 문사의 운文運을 담당하는 중국 별자리 '규성'에서 이름을 따왔다. 규성은 서쪽 방위를 뜻하는 '백호'의 꼬리에 해당하며 가장 밝은 별이다. 서양에서는 안드로메다 자리의 가장 밝은 별인 알페라츠*alpheratz*에 해당한다. 이 별이 밝게 빛나면 우수한 문관이 많이 나오며

● 베트남 최초의 대학 하노이 문묘

나라가 태평해진다는 믿음이 있다.

규문각을 지나면 사각형 연못이 나오고 연못 양쪽으로 진사 제명비를 만나게 된다. 진사 제명비는 과거시험 합격자 이름이 새겨진 비석으로 총 82개의 석판이 있다. 그 당시의 교육, 역사, 사회를 알게 해주는 중요한 자료이다. 마지막으로 대성문을 지나면 대성전이 나온다. 대성大成은 '하나의 체계를 이루어 완성한다'는 뜻으로 합격을 기원하는 향을 많이 올린다.

하노이 문묘에 사람이 많이 몰리는 시기는 대학 입시 시즌(6월 말~7월 초)이다. 이 기간에 많은 학생과 부모가 좋은 대학에 합격하기를 기도한다. 여행은 이 기간을 제외한 이른 아침을 추천한다. 고즈넉한 문묘를 온전히 감상할 수 있다.

카르스트 지형이 아름다운 닌빈의 짱안 경관 단지

하노이에서 남쪽으로 약 95km 떨어진 곳에 베트남의 옛 수도(968~1010년) 닌빈이 있다. 역사적 유적과 석회암 카르스트 지형이 아름답기로 유명한 도시다.

가장 유명한 장소는 '짱안 경관 단지Trang An Scenic Landscape Complex'이다. 이곳은 깎아 지르는 산과 물이 원시적인 아름다움을 나타내고 있다. 유네스코 세계유산에 지정되었으며 영화 〈킹콩〉 시리즈의 하나인 〈콩-해골섬The Kong: Skull Island〉의 촬

● 닌빈의 짱안 경관 단지

영지이기도 하다.

짱안 경관 단지에는 10세기부터 역사를 이어온 고대 수도 유적지 '호아루'가 있다. 이곳을 방문하려면 나룻배를 타야 한다. 뱃사공의 노를 저어 천천히 이동하는 배에서 만나는 석회암 절벽과 자연 풍경은 가히 '경관 단지'답다. 바다에 하롱베이가 있다면 육지에는 닌빈이 있다고 할 정도다.

또 다른 닌빈의 추천 장소는 세 개의 동굴이 있는 땀곡*Tam Coc*이다. 까 동굴*Ca cave*, 하이 동굴*Hai cave*, 바 동굴*Ba cave*로 이루어진 땀곡으로 가려면 배를 타야 한다. 노랗게 익은 벼와 석회암 절벽이 어우러진 논밭 풍경이 펼쳐져 배를 타고 이동하는 동안 비현실적인 아름다움을 감상할 수 있다.

소수 민족을 만날 수 있는
안개의 도시 사파

베트남에서 매력적이고 신비로운 도시를 꼽으라면 단연 '사파*Sapa*'다. 하노이에서 침대버스를 타고 약 6시간 북서쪽으로 이동하면 만날 수 있으며 중국과 국경을 맞대고 있어 여러 소수 민족이 삶의 터전으로 삼고 있다.

사파는 별명이 많다. 소수 민족이 일궈 놓은 계단식 논의 멋진 풍경 덕분에 '동양의 스위스'라고도 불리고 안개가 자욱하게 피어 '안개의 도시'라고도 불린다. 인도차이나반도에서 가장 높은 산인 판시판이 위치해 있어 '인도차이나의 지붕'이라고도 불린다.

사파 인근 지역도 매력적인 곳이 많다. 가까운 도시 박하*Bac Ha*에서는 매주 일요일마다 장이 열리는데 소수 민족이 만든 수

● 계단식 논이 가득한 사파의 모습

공예품을 구매하거나 다양한 전통 의상을 입은 사람들을 만날 수 있다. 또 다른 명소인 국경 도시 라오까이에서는 중국으로 짧은 여행을 다녀올 수도 있다.

사파를 여행하기 좋은 계절은 가을이다. 9월에서 10월 계단식 논에 황금빛 벼가 물들어 아름다운 사파의 모습을 만날 수 있다. 사파를 제대로 즐기고 싶다면 계단식 논을 따라 트레킹하기를 추천한다. 다만 겨울에는 눈이 내려 어려울 수 있다.

계단식 논이 어우러진 트레킹 명소 캣캣 마을

사파의 매력 중 하나는 소수 민족의 삶을 직접 느껴볼 수 있다는 것이다. 그중에서도 사파 시내에서 남서쪽으로 약 2km 떨어진 캣캣 마을Cat Cat village은 소수 민족의 생활을 엿볼 수 있도록 마을 전체를 꾸며 놓았다.

캣캣 마을은 사파에 여행 온 사람이라면 꼭 찾는 곳으로 사파 호수와 사파 노트르담 성당에서 도보로 약 25분 정도 걸리며 마을을 다 둘러보는 데는 약 반나절이 걸린다. 캣캣 마을은 해발 1,600m에 있어 날씨가 선선하며 마을 내부는 걸어서 이동하기 좋아 트레킹하기에 알맞다. 물론 추운 겨울에는 트레킹이 힘들 수도 있다.

캣캣 마을의 이름은 프랑스 식민지 시절 프랑스인들이 이곳에 사는 블랙 흐몽족Black H'mong people의 검은 의상이 고양이와 닮았다고 해서 붙인 것이다. 이곳에 거주하는 블랙 흐몽족은 직접 만든 공예품이나 직물을 판매하면서 살아간다. 블랙 흐몽족의 전통 의상은 부족의 이름처럼 검은색이 주를 이룬다.

캣캣 마을의 가장 멋진 모습을 볼 수 있는 곳은 계단식 논을 바라볼 수 있는 전망대이다. 베트남 커피 한 잔과 함께 풍경을 즐기기에 좋다. 마을을 가로지르는 개울과 물레방아, 나무로 만든 다리도 자연과 전통의 조화가 빚어낸 그림 같은 풍경을 선사한다.

캣캣 마을에서 특별한 추억을 남기고 싶다면 마을 입구에서 소수 민족의 의상을 대여해 보자. 한복을 입고 경복궁에서 사진을 남기는 것처럼 베트남 전통 의상을 입고 마을을 둘러보며

● 소수 민족의 생활을 엿볼수 있는 캣캣마을

사진을 찍으면 더욱 특별한 추억을 만들 수 있다.

인도차이나의 지붕, 판시판

판시판*Fansipan*은 베트남뿐만 아니라 인도차이나반도에서 가장 높은 산으로 해발 3,143*m*에 달한다. 1,950*m*인 한라산에 비해 약 1.5배는 높다. 사파를 방문하는 많은 사람이 판시판을 방문한다. 판시판에 오르는 방법은 두 가지가 있다.

첫 번째는 트레킹이다. 해발 1,900*m* 리엔손 국립공원에서 출발해 베이스캠프를 거쳐 판시판 정상으로 이동하는 코스다. 소수 민족인 흐몽족 가이드와 함께 이동하는 경우가 많으며 약 9~10시간이 소요된다. 두 번째는 케이블카와 산악열차를 이용하는 것이다. 대부분의 관광객이 이 방법을 선택한다. 사파 시내의 산악 열차역에서 출발해 케이블카로 환승하면 약 1시간 안에 정상 부근에 도착할 수 있다. 케이블카는 약 6*km*의 길이로 해발 1,650*m*에서 3,050*m*까지 이동한다.

판시판 정상은 해발고도가 높기 때문에 날씨의 영향을 많이 받는다. 날씨가 흐리거나 구름이 많을 때는 시야가 제한될 수 있으니 화창한 날을 잘 골라야 한다. 맑은 날의 판시판 정상은 스위스 루체른의 리기산*Rigi Mountain*과 너무나 닮아서 왜 이곳을 '베트남의 스위스'라고 부르는지 공감하게 될 것이다.

도시를 한눈에 볼 수 있는 함롱산

사파 시내를 한눈에 조망하고 싶다면 함롱산*Ham Rong Mountain*을 방문해 보자. 해발 1,750*m*의 석회암 바위산으로 사파 중심부인 사파 노트르담 성당 뒷길을 따라 10분 정도 걷다 보면 함롱산으로 올라가는 계단길이 나온다. 입구에서 티켓을 구입하고, 계단길을 따라 올라가면 30분 만에 정상에 도달할 수 있다.

산을 오르는 길에는 다양한 조형물과 전통 공연장이 있어 볼거리가 풍부하다. 산 중턱에서는 소수 민족의 전통 무용 공연을 감상할 수 있다. 산 정상에는 사파 시내와 호수를 한눈에 내려다볼 수 있는 전망대가 있어서 사진 촬영 명소로 사랑

● 함롱산에서 본 사파 모습

받고 있다.

함롱산을 베트남어로 번역하면 '용의 턱 산'이라는 뜻이다. 전설에 따르면 옛날 혼돈의 시대에 옥황상제가 모든 동물에게 자신들의 영토를 찾으라고 지시했다. 이에 세 마리의 용 형제가 자신의 영토를 찾기 위해 떠났는데 진취적인 두 형과 달리 막내는 겁에 질려 뒤처졌고 막내를 구하기 위해 두 형은 길을 되돌아갔다. 다시 막내를 만나긴 했으나 이들 형제는 제한 시간 안에 영토를 찾지 못해 돌로 바뀌었다. 현재의 함롱산은 막내 용이 변한 산이고 나머지 두 형은 함롱산 옆 산맥으로 변했다고 한다.

사파에서 유명한 철갑상어 샤브샤브

사파에서는 송어와 철갑상어 양식을 하는 곳이 있다. 산이 많은 지역에서 어떻게 양식을 하게 되었을까?
철갑상어를 양식하려면 물 온도가 15~24도를 유지해야 하는데 이는 사파의 기온과 딱 맞는다. 이런 이유로 사파에는 철갑상어 전골 요리와 송어 요리를 하는 식당을 많다. 사파에서 맛볼 수 있는 특별 요리 중 철갑상어 샤브샤브는 육수에 신선한 철갑상어와 다양한 채소를 가볍게 익혀 건져 먹는 요리다. 이 이외에 철갑상어 구이와 찜 요리도 있으므로 취향에 따라 즐길 수 있다.

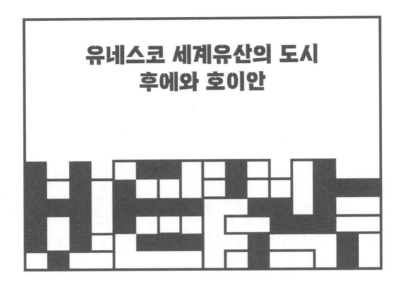

유네스코 세계유산의 도시
후에와 호이안

베트남에는 유네스코 세계유산으로 지정된 장소가 다섯 곳 있다. 베트남 중부 후에 황성, 호이안 고대 도시, 미선*My Son* 힌 두교 사원 유적지, 베트남 북부 하노이의 탕롱 황궁, 그리고 하 노이 남부의 호 왕조 요새이다. 이 중에서 베트남 중부에서 만 날 수 있는 두 도시, 후에와 호이안을 소개한다. 두 곳 모두 도 시 대부분이 세계문화유산으로 지정될 만큼 볼거리가 풍부하 고 낮과 밤 모두 아름다운 매력을 지녔다.

한국에서는 베트남 중부로 갈 때 다낭까지 비행기로 이동 한다. 다낭에서 후에까지는 약 *100㎞* 거리로 차로 1시간 반 정 도 걸리고, 호이안까지는 약 *30㎞* 거리로 차로 50분 정도 걸린 다. 두 도시 모두 다낭을 중심으로 한 번에 둘러볼 수 있다. 베트남 중부는 1월부터 4월까지 건기에 여행하는 것이 좋다. 10월부터 11월 사이는 집중호우가 있을 수 있으므로 여행 전 날씨를 확인하도록 하자.

베트남의 옛 수도 후에

베트남의 현재 수도는 북부의 하노이지만 1802년부터 1945년까지 베트남 마지막 왕조인 응우옌 왕조 시절에는 중부의 후에가 수도였다. 이 기간 황성과 왕릉과 사원들이 도시 곳곳에 만들어졌다. 응우옌 왕조 13명의 왕과 140년의 역사 속에서 후에는 발전했다. 현재는 유네스코 세계유산으로 지정되어 역사적인 장소로 보전되고 있다.

후에化라는 이름으로 불리기 시작한 것은 14세기 초반이며 15세기 말까지 이곳은 북베트남과 참파 왕국의 국경 도시 수준이었다. 그러나 16세기 응우옌씨의 본거지가 되면서 발전을 거듭했고 19세기부터 20세기까지는 베트남 전체의 수도가 되었다. 1945년 마지막 황제 바오다이 황제가 퇴임하면서 하노이가 수도가 되기 전까지는 정치와 역사의 중심지였다. 후에는 옛 유적이 많은 경주와 느낌이 비슷하다.

후에의 대표 관광지는 '후에 황성'이다. 도시를 가로지르는 향강*Perfume River* 북쪽에 자리한 왕성은 크게 세 부분으로 나

● (위로부터) 카이딘왕릉 내부, 카이딘왕릉 외관, 쯔엉티엔 다리, 후에 황성

뉜다.

첫째, 황성 외부를 둘러싸고 있는 요새인 경성*Citadel of Hue*이다. 길이가 무려 10*km*에 이른다. 이 요새는 5*m*가 넘는 벽과 해자(적의 진격을 막기 위해 요 둘레를 파서 물을 채워 놓은 구덩이)로 구성되어 있다. 둘째, 경성 안에 위치한 황성*Imperial City*으로 황제를 비롯한 대신들의 행정 건물들이다. 황제와 문신, 군인들이 집무를 보는 장소가 있으며 내성에 해당한다. 이곳 역시 2.5*km*에 달하는 벽과 해자로 구성되어 있어 외적으로부터 보호할 수 있게 만들어졌다. 마지막으로는 자금성*Purple Forbidden City*으로 불리는 공간으로 황실 가족이 거주하던 곳이다.

후에 황성은 베트남전쟁 당시 많은 유적이 파괴되어 약 150개의 전각 중 10여 개만 남았다. 남은 10개 또한 훼손이 심해 베트남 정부는 복원 작업을 계속 하고 있다. 현재는 남쪽 정문인 오문*Cửa Ngọ Môn*과 옥좌가 있는 태화전*Điện Thái Hòa* 등 약 25%가 복원된 상태다.

후에에는 황성 외에도 볼거리가 많다. 프랑스 식민지 시대에 건설이 된 카이딘왕릉*Tomb of empress Khai dinh*부터 소나무 계곡에 50개가 넘는 호화로운 궁전을 만든 뜨득왕릉*Tomb of empress Tu duc*, 조화로움을 추구했던 민망왕릉*Tomb of empress Minh Mang*, 베트남의 불교 예술을 느낄 수 있는 400년 이상된 티엔무 사원*Thien Mu Temple*, 프랑스의 에펠탑을 만든 에펠이 설계한 쯔엉띠엔 다리*Truong Tien Bridge*까지. 배를 타고 향강을 구경하는 것도 추천한다.

후에에서는 사시사철 다채로운 축제가 열린다. 그중에서도 6월 중순에는 화려한 축제의 하이라이트를 경험할 수 있다.

활발한 교역으로 번성했던 무역 항구 도시 호이안

베트남에서 가장 아름다운 도시로 손꼽히는 호이안은 마을 전체가 유네스코 세계유산으로 지정되었다. 낮에는 노란 고택과 푸른 하늘이 조화를 이루고 밤에는 노란색 조명과 형형색색의 등불로 멋스러움이 가득하다.

호이안은 16세기 베트남 무역의 중심지로 발전하며 중국, 일본, 인도 등의 외국 문화와 베트남 문화가 공존하는 도시가 되었다. 특히 일본 상인과 중국 화교가 많이 거주하면서 일본식 건축과 중국식 건축 양식이 공존하는 도시로 발전했다.

베트남 지폐 2만 동 뒷면에 등장하는 '내원교*Pagoda Bridge*'는 일본인 상인이 17세기에 지은 18*m* 크기의 목조 다리로 지금도 사용되고 있다. 떤끼고택*Old house of Tan Ky*, 광둥회관, 푸젠 화교회관 등은 중국 문화의 영향을 받은 17세기에 지어진 사원들이다.

호이안의 가장 큰 매력은 현재까지도 옛 마을 모습 그대로 간직하고 있다는 점이다. 구시가 전체가 낮은 건물로 구성되어

● 노란 고택과 푸른 하늘이 아름다운 호이안

있고 벽면과 지붕도 잘 보존되어 있다. 호이안이 이렇게 잘 보전된 이유는 아이러니하게도 항구 도시에서 쇠퇴했기 때문이다. 다낭이 새로운 항구 도시로 발전하면서 점차 잊힌 도시가 되고 베트남전쟁의 피해를 덜 받게 된 것이다.

호이안의 아름다움을 느끼기에 좋은 시간은 해질녘이다. 노란색 건물들이 석양에 물들어 도시 전체가 따스한 분위기를 자아낸다. 매월 음력 보름에는 도시의 전등을 끄고 등불만 켜는 축제가 열리는데, 하나씩 점등되는 등불이 도시 전체를 16세기 옛 항구 도시로 돌려놓는 듯한 느낌을 준다. 이른 아침에 방문하면 고즈넉한 모습을 볼 수 있고 해 질 녘에 가면 북적이는 도시의 활기찬 모습을 볼 수 있다.

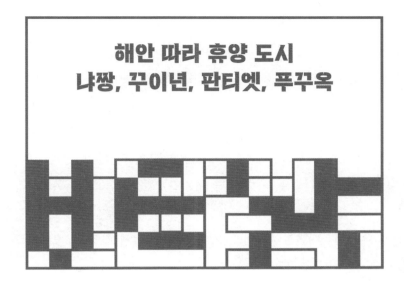

해안 따라 휴양 도시
냐짱, 꾸이년, 판티엣, 푸꾸옥

베트남 중부부터 남부에 이르는 해안가에는 매력적인 해안 도시들이 있다. 중부의 냐짱, 꾸이년부터 남부의 판티엣, 남서쪽 섬 푸꾸옥까지. 이들 해안 도시는 언제나 푸른빛을 띤다. 최근 한국에서 베트남 중부 해변 도시로 가는 직항 항공 노선이 증가하면서 다낭과 냐짱 같은 인기 도시를 찾는 이들이 많아졌다. 하지만 꾸이년, 판티엣, 푸꾸옥 섬처럼 아직 잘 알려지지 않은 도시들도 충분히 매력적이다.

참파 왕국의 유적지가 있는 냐짱

'냐짱'이라는 이름이 다소 낯설게 느껴질 수 있다. 한국에서는 '나트랑*Nha Trang*'으로 알려진 도시의 베트남식 발음이다. 베트남 중부에 위치한 냐짱은 아름다운 해변과 주변의 작은 섬들이 어우러진 관광 도시로 온화한 기후 덕분에 일 년 내내 방문하기 좋은 곳이다. 단 우기인 9월부터 11월은 피하는 것이 좋다.

냐짱의 대표적인 명소는 시내 중심부 언덕에 있는 '뽀나가르 참탑*Po Nagar Cham Tower*'으로 말레이계 참족이 세운 유적이다. 뽀나가르는 '왕궁의 귀부인'이라는 뜻으로 힌두교 여신과 비슷한 대우를 받는다. 탑은 팔각으로 된 22개의 돌기둥이 있는 제단 구역, 여신의 아들 가네샤를 모시는 사당, 그리고 여신이 조각된 25m 높이의 중심 사원으로 구분할 수 있다.

뽀나가르 참탑은 역사적, 예술적으로 가치가 높은 유적지이며 냐짱 시내를 바라보기에도 좋다. 붐비는 오후 시간을 피해 아침에 방문하면 여유롭게 관람하기에 좋다. 근처에는 진흙 온천으로 유명한 탑바 온천*Thap Ba Mud Bath*이 있어 함께 들르면 색다른 추억을 만들 수도 있다.

● (위쪽부터) 냐짱 대성당, 뽀나가르 참탑, 냐짱의 야경 모습

잘 알려지지 않은 숨겨진 휴양지 꾸이년

베트남의 중부 해안에 위치한 꾸이년*Quy Nhon*은 다낭이나 냐짱처럼 유명하지는 않지만 평온한 백사장, 맑은 바다, 수려한 자연경관 덕분에 새롭게 주목받고 있다. 한국에서는 '퀴논'으로 불리지만 베트남 발음은 '꾸이년'이다.

꾸이년은 호찌민에서 약 600*km* 북동쪽으로 가면 만날 수 있다. 차로 10시간 정도 걸린다. 한국에서 갈 때는 대체로 호찌민에서 국내선 비행기를 이용해 이동한다.

꾸이년은 호수를 중심으로 대부분의 관광지가 동쪽에 몰려있다. 그중 해안 절벽인 애오지오*Eo Gio*가 가장 유명하다. 가파른 절벽과 작은 해안만이 어우러져 일출과 일몰이 특히나 아

● 애오지오 해안 절벽

름답다. 나무 말뚝이 있어 바다로 내려가기도 쉽다. 꾸이년은 바다가 투명하고 맑아 해안 스포츠를 즐기기에 좋다. 특히 넓은 백사장이 아름다운 키코비치*Ky Co Beach*에서는 수영이나 스노클링을 즐기기에 최적이다. 투어를 신청하면 꾸이년의 투명한 바닷속을 체험하며 휴양 도시의 낭만을 만끽할 수 있다.

베트남에서 사막을 볼수 있는 도시 판티엣

판티엣*Phan Thiet*은 호찌민에서 약 200*km* 북동쪽으로 떨어진 해안 도시로 차량으로 3시간 정도 소용된다. 보통은 호찌민 여행을 마치고 바다를 보러 갈 때 찾는다.

판티엣에는 이곳에서만 볼 수 있는 해안 사구*sand dune*가 멋지게 펼쳐져 있다. 건조한 기후와 연중 따뜻한 날씨, 바닷바람으로 내륙 쪽에 모래가 쌓인 언덕을 해안 사구라고 하는데, 이곳의 해안 사구는 사막 풍경과 똑같은 것으로 유명하다. 사구 한가운데로 이동할 때는 주로 사륜구동 오토바이를 이용한다.

판티엣 내에서도 '무이네*Muine*'는 사람들이 가장 많이 오는 어촌 마을이다. '붉은 모래 언덕'과 '하얀 모래 언덕'이라는 사구가 유명한데, 붉은 모래 언덕은 마을과 가까워 해질녘에 가기에도 좋다. 샌드 보드를 즐기는 사람들이 많이 찾는다. 반면 하얀 모래 언덕은 시내에서 30분 정도 차를 타고 이동해야 하

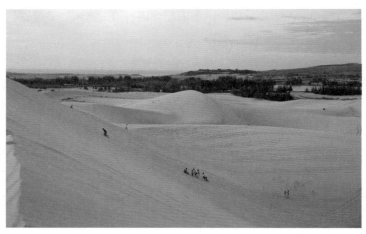

● 하얀 모래 언덕

므로 보통 새벽 5시에 도착해 일출을 감상한다. 사막에서 일출을 보는 듯한 착각에 빠질 수 있는 마법 같은 장소이다.

하얀 모래 언덕을 갔다가 무이네로 오는 길에 어촌 마을이 하나 있다. 고기잡이배들이 새벽에 잡은 생선을 파는 시장이 오전 7~8시에 열리므로 돌아오는 길에 구경하기에 적당하다. 둥근 바구니 모양의 전통 어선 투옌퉁*Thuyen Thung*을 이용해 고기를 잡는 어부의 모습도 볼 수 있다.

하와이나 몰디브와 견줄 섬 푸꾸옥

베트남 해안 도시 중에서 새롭게 떠오르는 휴양지 섬이 있다. 베트남 남서쪽 캄보디아 근처에 위치한 섬으로 베트남에서는 가장 크다. 30일간 비자 없이 머무를 수 있어 외국인 관광객에게 인기도 높다. 최근에는 고급 리조트와 깨끗한 바다, 다양한 볼거리가 있어 한국인 방문객이 급증하고 있다. 바로 푸꾸옥Phu Quoc이다.

푸꾸옥에서 주목할 만한 명소로는 '푸꾸옥 그랜드월드'와 '빈원더스'가 있다. 푸꾸옥 그랜드월드는 베네치아를 모티브로 한 관광지로 곤돌라와 야간 레이저 쇼가 볼 만하다. 빈원더스는 거대한 수족관과 아시아 최대 규모의 사파리월드를 갖추고 있어 가족 여행객에게 특히 추천한다. 이곳의 사파리월드는 세계에서 두 번째, 아시아에서는 가장 큰 야생 동물원이다. 동물들이 자유롭게 이곳저곳 돌아다니므로 구경하려면 사파리 투어를 신청해 차를 타고 이동해야 한다.

푸꾸옥은 품질 좋은 후추 생산지로도 유명하다. 후추는 남인도에서 시작해 주변국으로 퍼진 향신료다. 푸꾸옥과 가까운 캄보디아의 캄폿kampot이 전 세계에서 가장 비싼 후추 생산지인데, 푸꾸옥은 이곳과 20km 밖에 떨어져 있지 않고 재배 환경도 비슷해 최상급의 후추를 생산한다. 후추 농장에 방문하면 재배 과정을 볼 수 있고 고품질의 후추도 구매할 수 있다.

● (위쪽부터) 푸꾸옥 그랜드월드, 빈원더스, 사파리월드, 곤돌라와 야간 레이저쇼

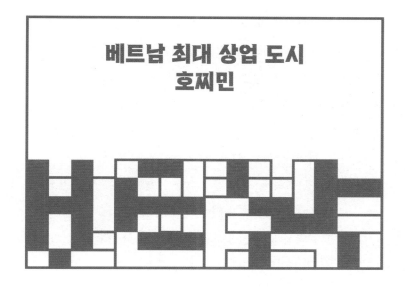

베트남 최대 상업 도시
호찌민

베트남의 수도는 하노이지만 베트남에서 가장 큰 도시이 자 경제적 수도는 호찌민이다. 과거 호찌민은 캄보디아의 작 은 어촌 마을인 '프레이 노코르'로 알려졌으나 캄보디아와 태 국 간의 전쟁으로 캄보디아 세력이 약화되면서 17세기 응우 엔 왕조가 이 지역을 행정 조직으로 편입하여 본격적으로 관 할하기 시작했다. 이후 이 도시는 사이공*Saigon*이라는 이름으 로 불리며 20세기까지 베트남 남부의 중심지로 발전했다. 특 히 1954년부터 1975년까지는 남베트남의 수도로서 중요한 역 할을 했다. 1975년 베트남이 통일되면서 호찌민 주석의 이름 을 따 '호찌민'으로 이름이 변경되었고, 현재까지 그 이름으로 불리고 있다.

호찌민은 관광할 수 있는 곳이 많다. 프랑스가 사이공을 점령한 이후 이 도시에는 많은 프랑스 건물이 세워졌다. 이러한 건축물들은 지금도 잘 보존되어 있어 '동양의 파리'로 불리기도 한다. 대표적인 명소로는 노트르담 성당, 중앙우체국, 오페라 하우스, 독립궁 등이 있다.

또한 호찌민에서는 베트남전쟁에서 중요했던 장소들을 방문할 수 있다. 특히 꾸찌 땅굴*Cu Chi Tunnels*은 베트남전쟁의 실상을 보여주는 명소로 호찌민에서 멀지 않다.

호찌민의 역사적 발전에서 중요한 역할을 했던 요소 중 하나는 메콩 델타 지역이다. 이 지역은 풍부한 쌀 생산지로 호찌민은 과거 메콩 델타의 농작물을 운반하는 주요 항구로 기능했다. 현재도 이 지역의 농작물을 만날 수 있는 메콩 델타 투어는 관광객에게 인기가 많다. 호찌민을 방문하려면 12월부터 4월까지의 건기를 추천한다. 평균 기온 약 28도로 따뜻하고 쾌적해 반팔 옷을 입고 자유롭게 도시를 탐방하기에 적합하다.

남북 전쟁이 종결된 독립궁

호찌민에서 역사적인 건물을 꼽으라면 독립궁이 빠질 수 없다. 관공서, 법원, 외교 관련 영사관이 밀집한 호찌민 중심에 자리 잡고 있다.

● 독립궁

　독립궁의 초기 이름은 '노로돔 궁전'이었다. 프랑스 식민지 시절, 이곳은 프랑스 총독의 관저로 사용되었으며 1873년부터 1945년까지 프랑스 통치의 상징적인 건물이었다. 프랑스가 퇴각한 1955년부터 건물의 이름을 '독립궁'으로 변경하고 남베트남의 대통령의 집무실이자 관저로 사용했다.

　1975년 4월 30일, 북베트남 전차가 독립군 울타리를 넘어 독립궁 내부로 진입하면서 남베트남이 항복 선언을 했고, 이는 베트남전쟁의 종결을 알리는 상징적인 사건이 되었다. 현재 독립궁은 전쟁박물관으로 활용되고 있다. 당시 남베트남 대통령의 집무실과 회의실, 연회장, 응접실 등이 그대로 보존되어 있다. 독립궁의 지하 벙커 또한 흥미로운 볼거리다. 전쟁 당시 사용되었던 지도와 전투 계획이 기록된 자료들이 남아 있어 베트남전쟁의 긴박했던 순간을 체감할 수 있다. 벙커 내부 구조 또한 독특하여 호기심을 자극한다.

독립궁 밖으로 나오면 소련제와 중국제 탱크 두 대가 전시되어 있다. 남베트남이 패망하던 날 실제로 담을 넘어 독립궁에 진입했던 기념비적인 전차로 베트남전쟁의 역사적 현장을 생생하게 느끼게 해준다.

프랑스풍 건축물, 노트르담 성당과 사이공 중앙 우체국

호찌민에서 가장 많이 방문하는 장소는 노트르담 성당과 사이공 중앙 우체국이다. 이 두 건물은 호찌민 중심부에 위치하며 독립궁과는 불과 200m 거리에 있다. 이 지역은 베트남 전통문화와 프랑스 건축 양식이 어우러진 독특한 분위기를 느낄 수 있는 곳으로 호찌민을 찾는 이들에게 큰 매력을 선사한다.

호찌민 노트르담 대성당은 1880년에 건축된 로마네스크 양식의 교회로 프랑스 식민지 시절에는 '성모 마리아 대성당'으로 불렸다. 현재는 베트남에서 가장 아름다운 성당으로 꼽힌다. 이 성당은 프랑스 식민지 시대, 프랑스 신자들을 위해 건축된 것으로 붉은 벽돌을 포함한 건축 자재 모두를 프랑스 남부에서 공수했다고 한다. 두 개의 종탑 높이가 57m가 넘으며 그

● 노트르담 성당

● 사이공 중앙 우체국

안에 청동으로 된 종이 설치되어 있다. 이 종소리는 10㎞ 밖까지 울려 퍼진다. 종탑 사이에 있는 큰 시계는 약 140년이 지난 지금도 정확히 작동하고 있다. 성당 앞에는 백색 화강암으로 조각된 커다란 성모 마리아상이 세워져 있다.

사이공 중앙 우체국은 1891년 완공된 유럽 스타일의 건축물로 베트남에서 아름다운 건물로 손꼽힌다. '에펠탑'과 '뉴욕 자유의 여신상'을 설계한 알렉상드르 귀스타브 에펠*Alexandre Gustave Eiffel*이 철골 설계를 맡아 더욱 주목받았다. 노란색 외벽과 중앙의 아치형 구조, 그 가운데 위치한 커다란 시계가 인상적이다. 내부에 들어서면 벽면에 큰 호찌민 초상화가 걸려 있다. 이곳은 지금도 우체국 업무를 하고 있다.

메콩 델타 투어

호찌민을 여행하면서 하루쯤 도시를 벗어나 색다른 경험을 하고 싶다면 '메콩 델타 투어*Mekong Delta Tour*'를 추천한다. 호찌민 남쪽에 위치한 메콩 삼각주 지역을 탐방하며 베트남 최대 곡창지대를 직접 볼 수 있다. 대부분의 여행객은 호찌민에 도착한 후 현지 여행사를 통해 투어를 예약하고 당일치기로 다녀온다. 호찌민에서 남서쪽으로 약 70㎞ 떨어진 메콩 삼각주 지역인 미토*My Tho*와 벤째*Ben Tre*는 투어의 주요 방문지이다. 메

● 메콩 델타 투어. 과일 농장 방문, 수상 시장 방문, 라이스 페이퍼 만들기 체험

콩 삼각주는 매우 넓어서 대체로 호찌민에서 가까운 이 두 지역을 중심으로 일정이 구성된다.

투어의 첫 번째 일정은 비옥한 메콩강 삼각주 지역의 과일 농장을 방문하는 것이다. 파파야, 파인애플, 망고, 바나나 등의 열대 과일이 나무에 주렁주렁 열린 모습을 볼 수 있다. 때로는 과일 농장 대신 꿀 농장을 방문하는데, 꿀벌이 채취한 신선한 꿀을 저렴하게 구입할 수 있다.

다음은 베트남 전통 나룻배인 삼판*sam pan*을 타고 맹그로브 숲을 구경하는 일정으로 메콩 델타 투어의 하이라이트이다. 맹그로브 나무는 진흙에서도 잘 자라며, 물고기의 서식처가 되는 것은 물론 홍수를 막아주는 역할을 한다. 강 양쪽에 빽빽이 들어선 맹그로브 숲을 따라 천천히 배를 타고 이동하다 보면 평화로운 풍경과 뱃사공의 노 젓는 소리가 어우러져 특별한 경험을 선사한다.

투어의 마지막 일정은 캔디 제조 과정을 관람하는 것이다. 메콩 삼각주에서 생산되는 코코넛으로 만든 캔디를 시식하거나 구입할 수 있다.

메콩 델타 투어는 대부분 당일치기로 진행되지만 일정에 여유가 있다면 껀터 지역까지 방문해보자. 메콩 삼각주에서 재배한 농작물과 과일들을 사고파는 수상 시장을 볼 수 있다. 초콜릿의 원료가 되는 카카오 농장을 방문해 초콜릿 제작 과정을 배우거나 베트남 쌈의 재료인 라이스페이퍼 제조 과정을 볼 수도 있다.

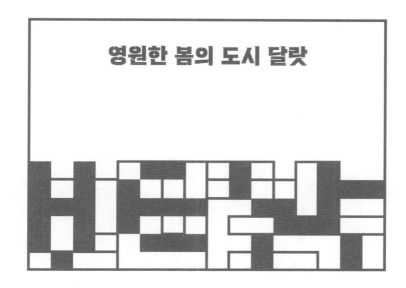

영원한 봄의 도시 달랏

베트남 남부에서 선선한 기온으로 여행하기 좋은 곳 중 하나가 봄의 도시 달랏*Da Lat*이다. 달랏은 호찌민에서 약 300*km* 북동쪽, 냐짱에서 서쪽으로 약 140*km* 떨어진 고원지대에 있다. 해발 약 1,500*m*에 있는 이 도시는 연중 평균 기온이 약 20도로 선선한 기후 덕분에 베트남에서는 신혼여행지로 인기가 높으며 꽃과 과일 재배, 와인 생산지로도 잘 알려져 있다.

달랏은 매력이 넘치는 도시이다. 볼거리, 탈거리, 즐길거리가 풍부해 아침부터 저녁까지 일정이 꽉 차기 마련이다. 북쪽에는 랑비앙산이 있는데 지프차를 타고 산 정상 전망대에 오르면 탁 트인 경관을 즐길 수 있다. 시내 중심에 위치한 쑤언흐엉 호수는 산책하며 꽃을 구경하기에 좋고 근교에 있는 다딴라 폭포에서는 시원한 물줄기를 볼 수 있다.

달랏은 기차역이 남아 있어 기차를 타고 이동할 수도 있고 일부 지역은 케이블카를 타고 접근하는 것이 가능하다. 밤에는 달랏 야시장이 열려 다양한 군것질거리를 즐길 수 있다.

달랏을 여행하기 좋은 시기는 12월부터 4월이다. 최근 한국에서 달랏으로 가는 직항 항공편이 생겨나면서 여행의 접근성이 한층 높아졌다.

봄이 향기가 가득한 쑤언흐엉 호수

도시 중심에 호수가 있는 경우는 세계적으로 드문데, 달랏 시내 중심부에 쑤언흐엉 호수Xuan Huang Lake가 있다. 초승달 모양의 인공 호수로 둘레가 약 5㎞에 이르며 달랏의 아름다움을 상징하는 핵심적인 장소로 도시 어디서든 10분 안에 갈 수 있다.

쑤언흐엉春香이라는 한자는 한국어로 '춘향'이라 읽히며 '봄의 향기'라는 의미를 가진다. 달랏이 '봄의 도시'라는 이름을 갖게 된 이유 중 하나가 바로 이 호수 덕분이다. 실제로 봄이 되면 호수 주변에 꽃과 식물이 만발하며 은은한 꽃향기가 도시 전체에 퍼져 이름에 걸맞은 풍경을 자아낸다.

호수 주변은 잔디밭과 소나무 숲이 많아 산책하기에 좋다.

● 쑤언흐엉 호수

가장 유명한 곳은 '달랏 꽃 정원'이다. 평소에도 수많은 꽃이
정원을 채우지만 2년에 한 번 열리는 달랏 플라워 페스티발 때
는 특히 화려해진다.

증기 기관차가 운행되는 달랏 기차역

달랏에는 베트남에서 가장 오래된 달랏 기차역이 있다. 쑤
언흐엉 호수에서 약 500m 떨어진 거리에 위치한 이 기차역은
1938년에 건설되었으며 랑비앙산의 봉우리를 형상화해 설계
된 삼각형 지붕이 특징이다. 서양 건축과 베트남 전통 건축이
조화를 이루며 국가 건축 유물로 지정되어 현재까지 보존되

● 달랏 기차역. 세 개의 삼각형 지붕, 빛바랜 타일, 옅은 노란색 건물 외관이 역사의 흔적을 간직하고 있다.

고 있다.

달랏 기차역은 원래 달랏에서 탑참*Thap cham*까지 약 84*km*를 운행하는 노선의 출발점이었다. 탑참은 나짱과 판티엣 사이에 위치한 해안 도시로 달랏에서 가장 가까운 해안가에 해당한다. 이 철도 노선은 해안 지역으로부터 물자를 조달하는 역할을 했던 것으로 보인다. 그러나 베트남전쟁 중 주된 공격 목표가 되었고 지뢰 공격으로 큰 피해를 입었다. 결국 1960년대 후반에 노선 운행이 중단되었다.

현재의 달랏 기차역은 관광 목적으로만 운행된다. 운행 구간은 린프억 사원*Linh Phouc pagoda*까지 약 7*km*이며 하루 5회, 2시간 간격이다. 하지만 기차가 운행하지 않는 동안에도 정차된 열차와 역사적인 건물은 훌륭한 촬영 장소로 손색이 없다.

달랏의 대표 폭포 다딴라 폭포

달랏에는 아름다운 폭포가 많지만 그중 가장 인기 있는 곳은 '다딴라 폭포Datanla Waterfall'이다. 자연 그대로의 모습을 간직하고 있는 이 폭포는 달랏 시내에서 남쪽으로 약 6km 거리에 있어 접근성이 뛰어나다. 또 다른 유명한 폭포인 코끼리 폭포 Elephant Waterfall는 시내에서 약 28km 떨어져 있다.

다딴라 폭포는 맑은 물과 소나무 숲으로 둘러싸인 풍경으로 처음 이 폭포를 발견한 베트남 사람들은 풍경에 반해 '나뭇잎 아래의 물'이라는 뜻의 '다탐냐Đa Tam Nnha'라고 불렀다. 시간이 흐르며 이 이름이 변형되어 현재의 '다딴라Đatanla'로 불리게 되었다. 이곳은 너무나 아름다워 선녀들이 목욕을 즐겼다는 전설도 전해진다.

● 다딴라 폭포

다딴라 폭포의 또 다른 매력은 즐길거리다. 그중 하나가 동계 스포츠에서도 시합을 겨루는 '루지Luge'다. 최고 속도가 시속 40km에 달하며 오른쪽 브레이크 장치로 속도를 조절하는 슬라이드 썰매다. 과거에는 산길을 따라 약 20분 동안 걸어 내려와야 했지만 이제는 루지를 타고 재미있게 폭포를 감상하며 내려올 수 있다.

달랏의 지붕 랑비앙산

달랏 시내에서 북쪽으로 약 12km 떨어진 랑비앙산Lang Biang Mountain은 해발 약 2,160m로 달랏에서 가장 높아 '달랏의 지붕'이라 불린다. 산에 얽힌 로맨틱한 전설 때문에 랑비앙산은 특히 연인에게 인기가 많다. 전설에 따르면 라트족의 아들 '랑'과 칠족의 딸 '비앙'은 서로 사랑했으나 부족 간의 갈등으로 반대에 부딪혔다. 결국 두 사람은 각자의 부족을 떠나 산꼭대기에 숨어 살았고 비극적으로 끝을 맺었다. 이를 기리기 위해 산의 이름을 '랑비앙'으로 지었다고 전해진다.

경사가 가파르기 때문에 도보보다는 산 입구에서 입장료를 지불하고 지프차를 이용하는 것을 추천한다. 베트남 남부에서 가장 높은 곳인 만큼 산 정상에 오르면 탁 트인 전경이 눈앞에 펼쳐진다. 사진 촬영을 위한 아기자기한 공간도 꾸며져 있다.

● 랑비앙산

함께 생각하고 토론하기

닌빈의 짱안 경관 단지는 유네스코 세계유산으로 지정된 아름다운 자연 경관지로 석회암 카르스트 지형과 나룻배를 타고 즐기는 절경으로 유명합니다. 이 지역은 영화 촬영지로도 활용되었으며, 자연과 인간의 조화로운 공존을 보여줍니다.

또한 사파 지역은 소수 민족의 삶과 전통이 보존된 곳으로 계단식 논과 판시판 산의 웅장한 풍경이 돋보입니다. 이 지역은 관광객에게 특별한 경험을 선사하지만 급격한 관광산업의 발달로 인해 환경 파괴와 전통 문화의 상실 위험도 대두되고 있습니다.

● 짱안 경관 단지와 사파는 자연 보존의 중요성을 보여줍니다. 관광 산업이 환경에 미치는 영향을 최소화하면서 지속 가능하게 발전하려면 어떤 정책과 노력이 필요할까요?

●● 사파 지역의 소수 민족 문화는 관광객에게 독특한 경험을 제공하지만 관광 개발로 인해 전통 문화가 변형되거나 사라질 가능성도 있습니다. 전통 문화를 지키기 위해 어떤 방식으로 관광을 운영해야 할까요?

●●● 닌빈의 짱안 경관 단지처럼 세계유산으로 지정된 자연과 문화 유산을 보존하면서도 경제적으로 활용할 수 있는 방법은 무엇인가요?

참고 문헌

https://hanoitimes.vn/vietnam-remains-preferred-investment-destination-for-south-korean-companies-korcham-321352.html

https://www.ceicdata.com/en/vietnam/population/population-annual-avg

https://vietnam.gov.vn/political-system-68959

https://vietnam.gov.vn/geography-68963

https://vietnam.gov.vn/national-flag-emblem-anthem-declaration-of-independence-68960

https://youtu.be/zk6hWDmCdWE?si=ie7b9hQ3cD2iD6rY

https://discover-halong.com/the-history-of-ao-dai-vietnams-national-dress.html

https://english.vtv.vn/news/vietnam-emerges-as-a-major-motorcycle-market-and-manufacturing-hub-20230605093048794.htm

https://www.asiae.co.kr/article/2023122216533377961

https://baotangthegioicaphe.com/en-US/about-tnl

https://luatvietnam.vn/tin-phap-luat/luat-nghia-vu-quan-su-230-17913-article.html

https://dream.kotra.or.kr/kotranews/cms/news/actionKotraBoardDetail.do?MENU_ID=180&pNttSn=144662

https://vietnam.gov.vn/economy-68968

https://longsonpetro.com/

https://vietnam.gov.vn/history-68964

https://vietnam.gov.vn/culture-68969

https://vietnam.gov.vn/president-ho-chi-minh-68961

https://en.wikipedia.org/wiki/1954_Geneva_Conference

https://en.wikipedia.org/wiki/Operation_Rolling_Thunder

https://en.wikipedia.org/wiki/Paris_Peace_Accords

https://vietnam.gov.vn/economy-68968

https://www.fifa.com/ko/articles/the-end-of-park-hang-seo-era-in-vientnam-ko

http://www.vietnamembassy-usa.org/learn_about_vietnam/politics/constitution/chapter_five/

https://www.vietnam.vn/ko/vn-voi-no-luc-khong-ngung-dam-bao-quyen-tu-do-ton-giao-cho-toan-dan/

https://youtu.be/GoPX2JejUTg?si=FVLSQbJbxVKCrwY8

https://youtu.be/8bG6ElvGRdk?si=70xP5k9d7YAooQcD

사진 출처

p16   https://vietnam.travel/things-to-do/5-fantastic-vietnamese-coffees

p43   https://vietnam.gov.vn/national-flag-emblem-anthem-declaration-of-independence-68960

p49   https://www.scribd.com/document/546264898/bai-tap-doc-lop-cho-hoc-sinh-lop-1

p60   https://www.visithcmc.vn/en/page/le-hoi-su-kien

p89   https://tintuconline.com.vn/nha-dep/hoa-ra-ban-tho-mau-trang-lai-mang-y-nghia-nay-trong-phong-thuy-n-582112.html

p100 https://www.sbv.gov.vn/webcenter/portal/en/home/sbv/bac/mic?_afrLoop=52720742709616466#%40%3F_afrLoop%3D52720742709616466%26centerWidth%3D80%2525%26leftWidth%3D20%2525%26rightWidth%3D0%2525%26showFooter%3Dfalse%26showHeader%3Dfalse%26_adf.ctrl-state%3D583aygrfc_530

p119 https://theworldnews.net/vn-news/hop-tham-dinh-tuong-duc-thanh-tran-hung-dao-bi-noi-giong-tuong-quan-cong

p123 https://hoibuonchuyen.com/lich-su-dung-nuoc-1638595638.html

p125 http://e-cadao.com/lichsu/cacvuatrieunguyen.htm

p131 https://vietnam.gov.vn/president-ho-chi-minh-68961

p145 https://www.yna.co.kr/view/AKR20160524038800009

p163 https://www.joongang.co.kr/article/22924130

p166 https://worldschildrensprize.org/vietnam-national-sport

p167 http://news.heraldcorp.com/view.php?ud=20191213000273

p170 https://vietnam.travel/things-to-do/top-festivals-vietnam

p172 https://vietnam.travel/things-to-do/vietnams-magical-mid-autumn-festival

p197 https://vietnam.travel/things-to-do/vietnam-water-puppets

※ 출처가 기재되지 않은 사진은 저자가 직접 촬영한 사진이거나 저작권자의 허락을 받은 사진입니다.